PIANO/VOCAL/GUITAR

TODAY'S FOLK ROCK HITS

ISBN 978-1-4803-9621-0

HAL•LEONARD®
CORPORATION

7777 W. BLUEMOUND RD. P.O. BOX 13819 MILWAUKEE, WI 53213

Visit Hal Leonard Online at
www.halleonard.com

DIRTY PAWS

Words and Music by
OF MONSTERS AND MEN

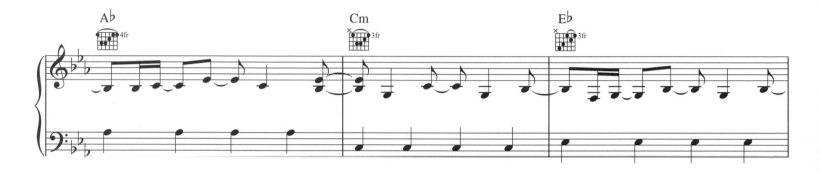

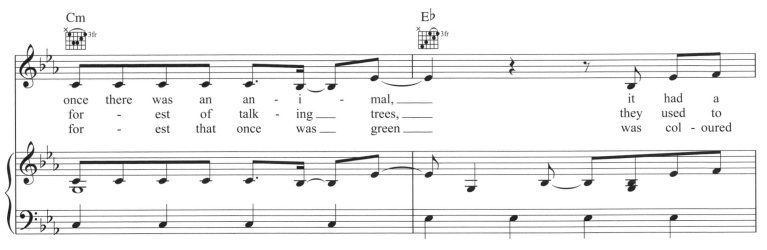

once there was an an - i - mal, _____ it had a
for - est of talk - ing _____ trees, _____
for - est that once was _____ green _____ was col - oured

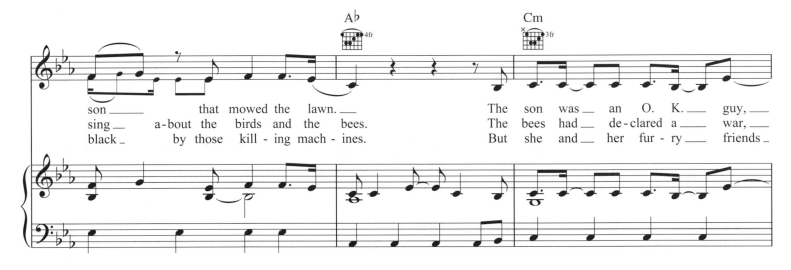

son _____ that mowed the lawn. __ The son was _ an O. K. _ guy, __
sing _ a-bout the birds and the bees. The bees had de-clared a _____ war, __
black _ by those kill - ing mach - ines. But she and _ her fur - ry _____ friends _

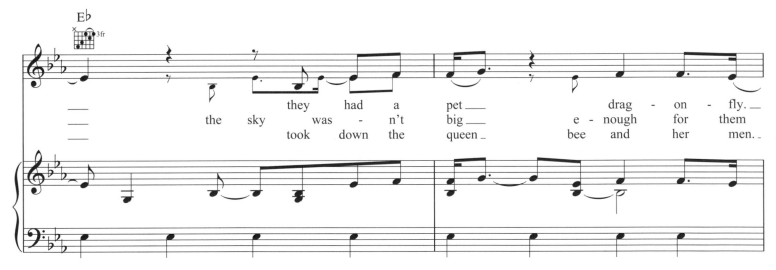

_____ they had a pet ___ drag - on - fly. __
the sky was - n't big ___ e - nough for them
took down the queen _ bee and her men.

To Coda

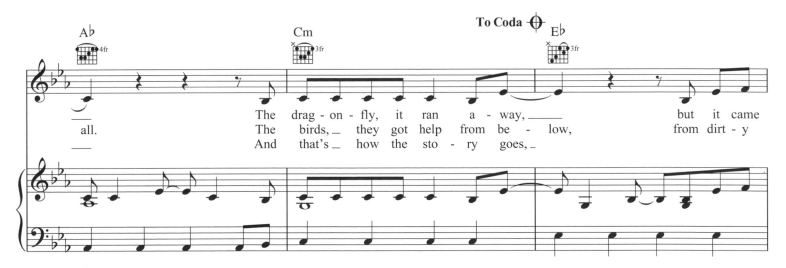

The drag - on - fly, it ran a - way, _____ but it came
all. The birds, _ they got help from be - low, from dirt - y
And that's _ how the sto - ry goes, __

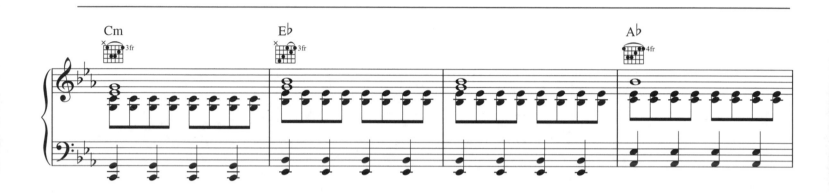

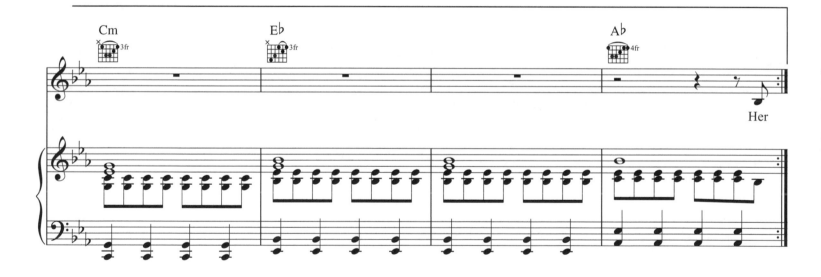

back __ with a sto - ry __ to _____ say. __

Her

paws __ and the crea - tures __ of _____ snow. __ La, la,

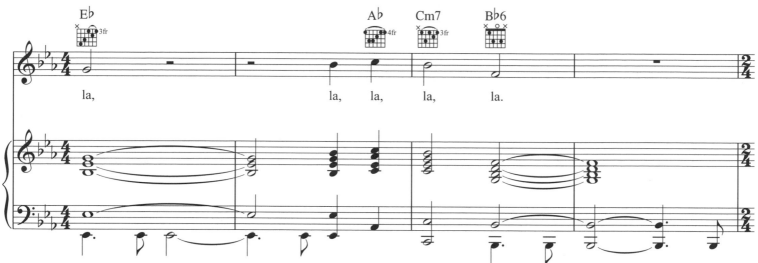

la,   la,   la,   la,   la.

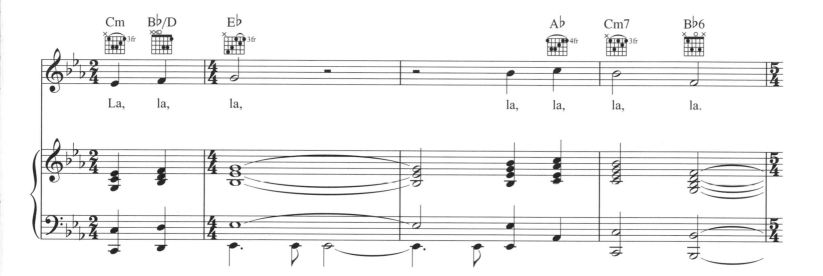

La,   la,   la,   la,   la,   la,   la.

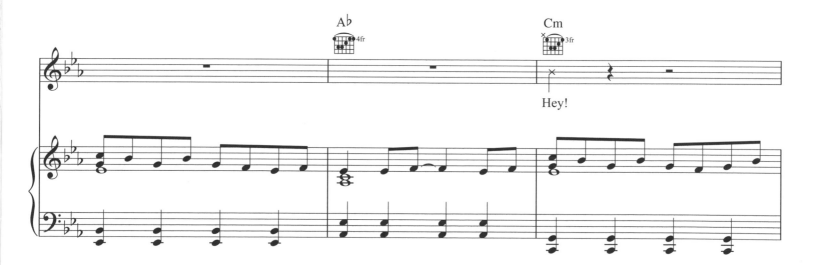

Hey!

D.S. al Coda

And

CODA

the sto - ry of ___ the beast with those four dirt - y ___

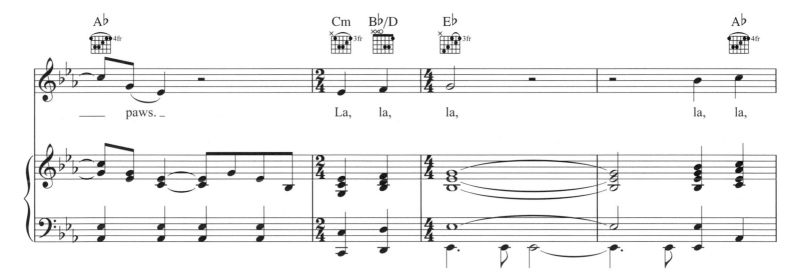

___ paws. ___ La, la, la, la, la,

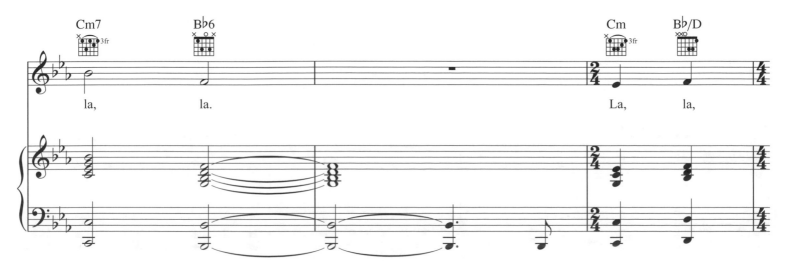

la, la. La, la,

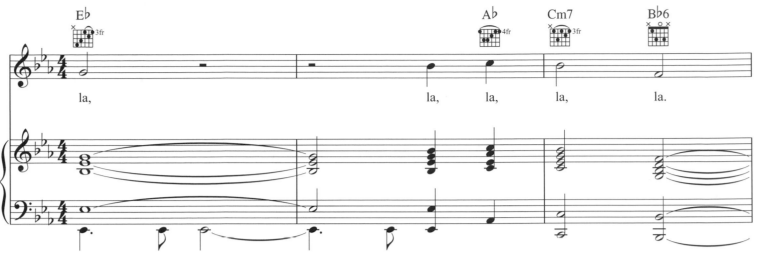

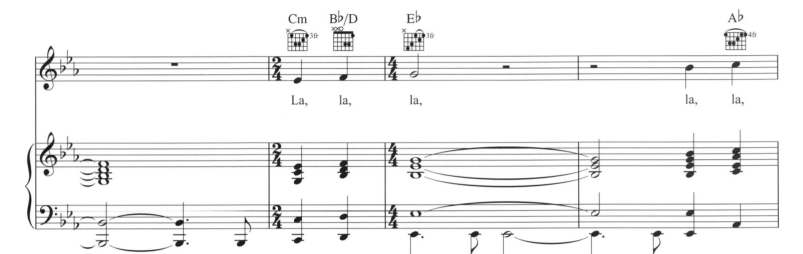

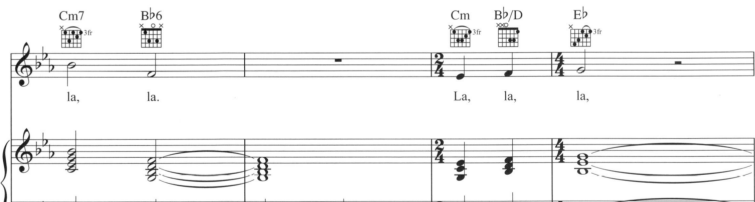

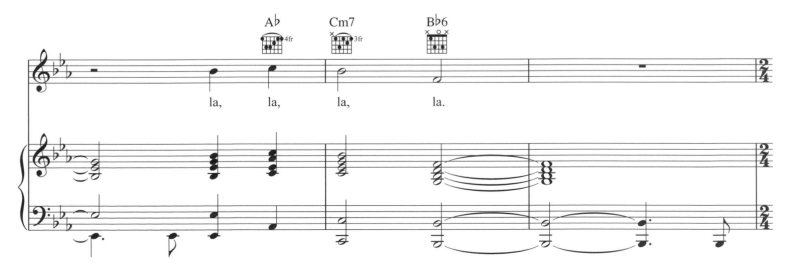

8

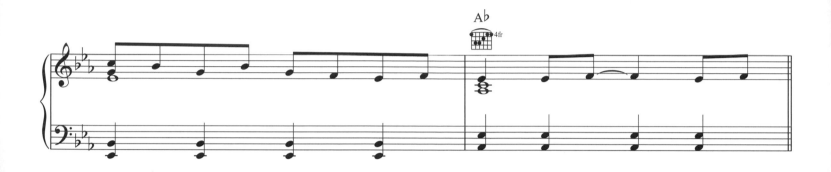

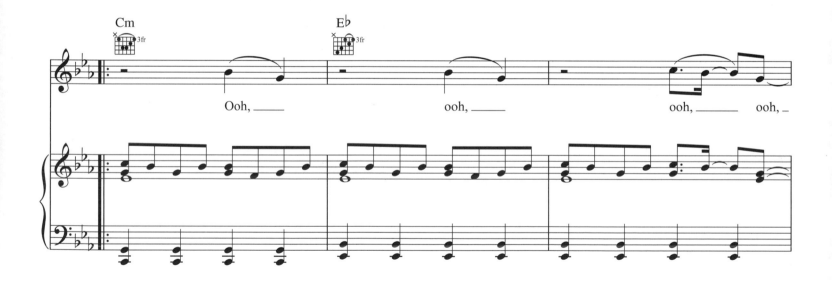

Ooh, _____ ooh, _____ ooh, _____ ooh, _

_____ ooh. _____

HO HEY

Words and Music by JEREMY FRAITES
and WESLEY SCHULTZ

Moderately slow, in two

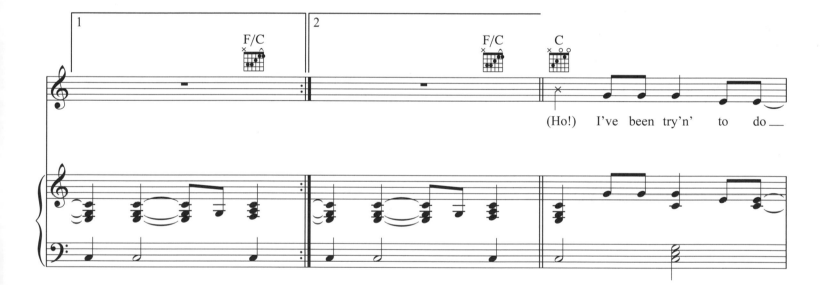

(Ho!) I've been try'n' to do ___

___ it right; (Hey!) I've been liv-in' a lone - ly life. ___

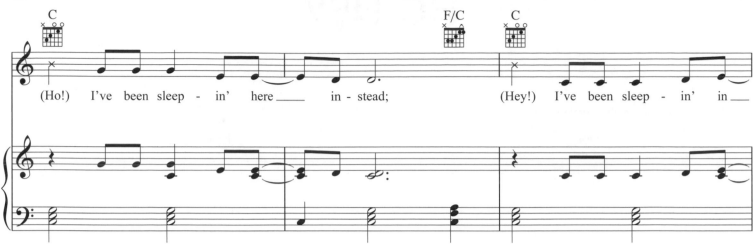

(Ho!) I've been sleep - in' here _____ in - stead; (Hey!) I've been sleep - in' in _____

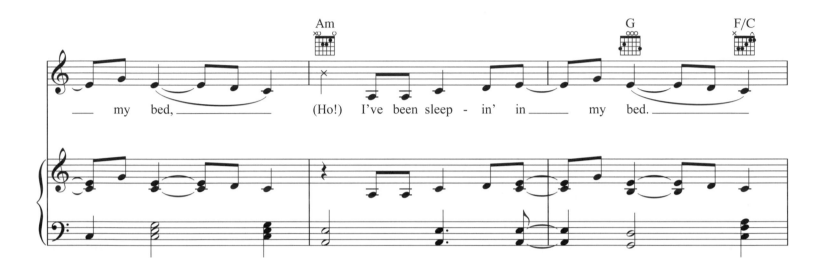

_____ my bed, _____ (Ho!) I've been sleep - in' in _____ my bed. _____

(Hey!)   (Ho!)

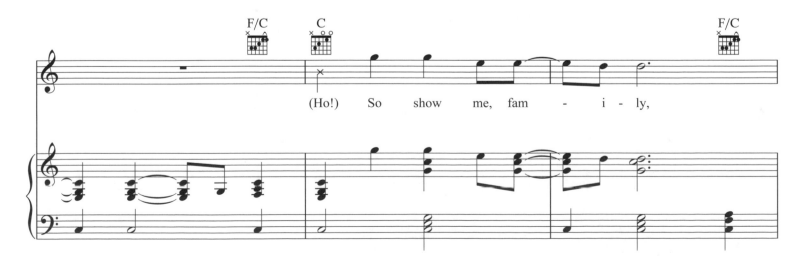

(Ho!) So show me, fam - i - ly,

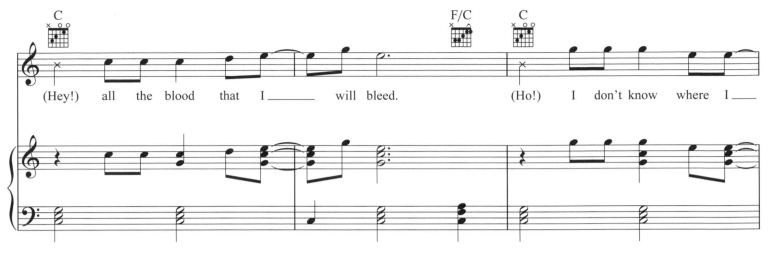

(Hey!) all the blood that I _____ will bleed. (Ho!) I don't know where I _____

_____ be - long, (Hey!) I don't know where I _____ went wrong, _____

(Ho!) but I can write _____ a song. _____ (Hey!)

I be - long with you, you be - long with me; you're my _____ sweet -

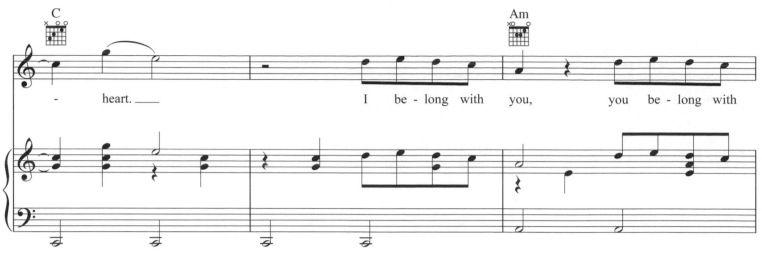

- heart. ____ I be - long with you, you be - long with

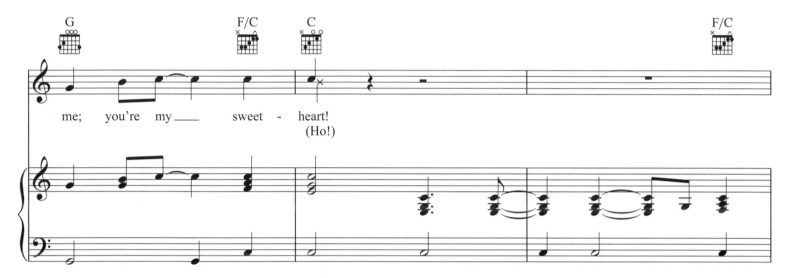

me; you're my ____ sweet - heart!
(Ho!)

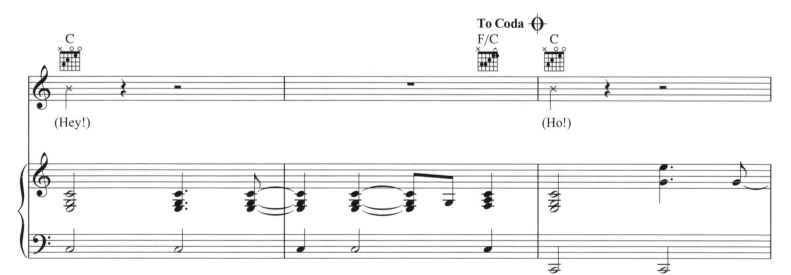

To Coda

(Hey!) (Ho!)

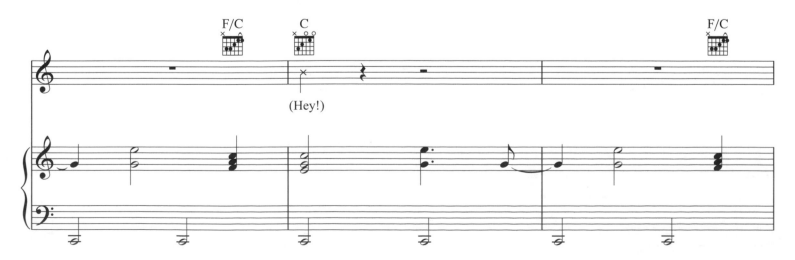

(Hey!)

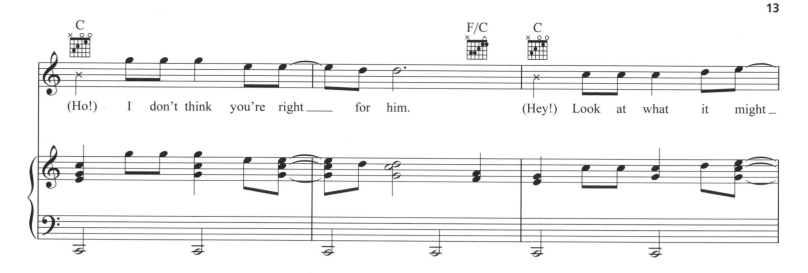

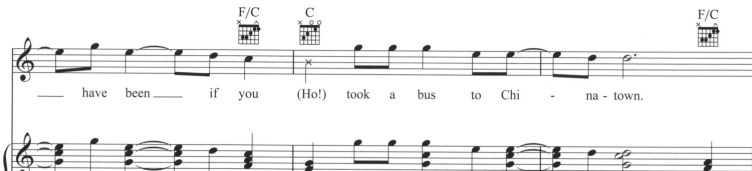

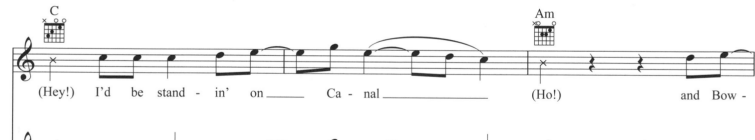

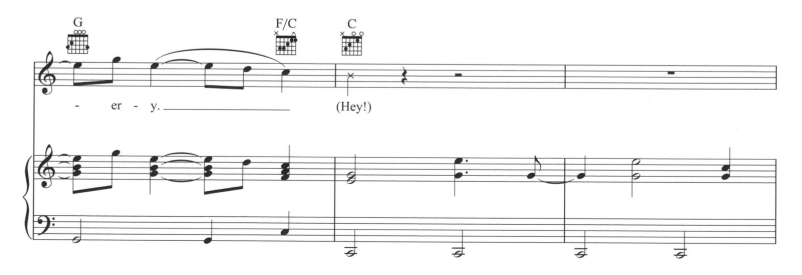

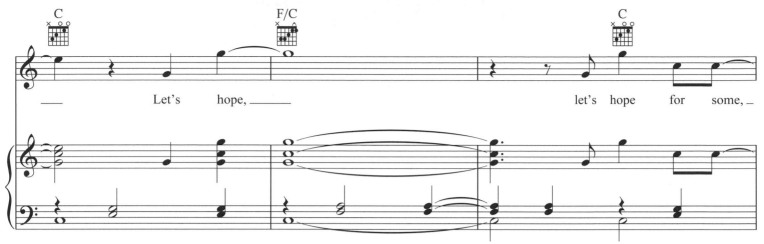

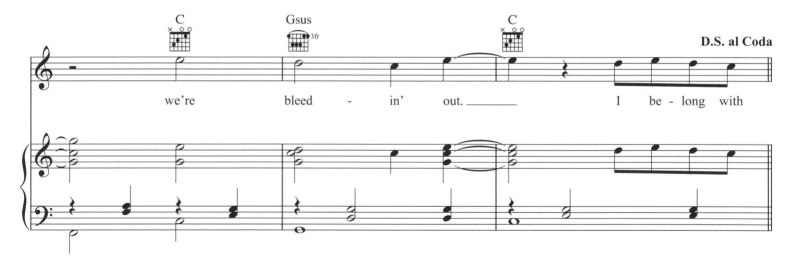

5 YEARS TIME

By CHARLIE FINK

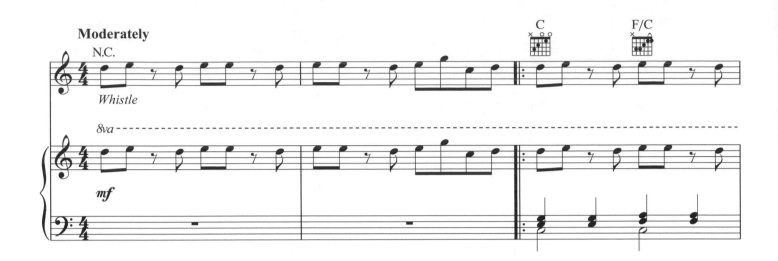

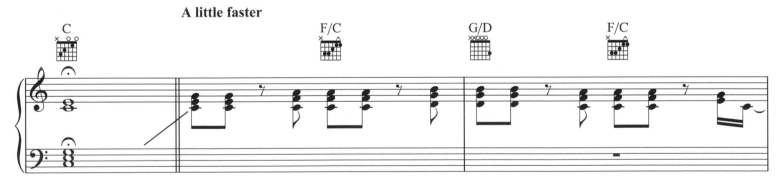

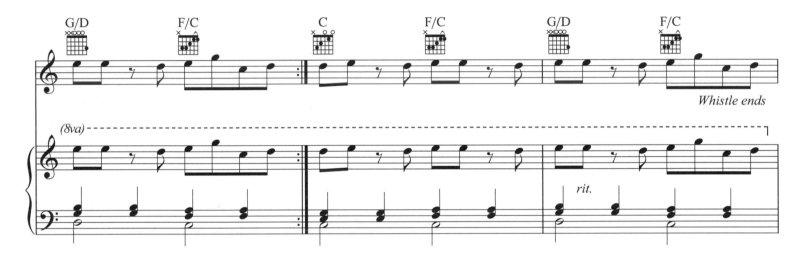

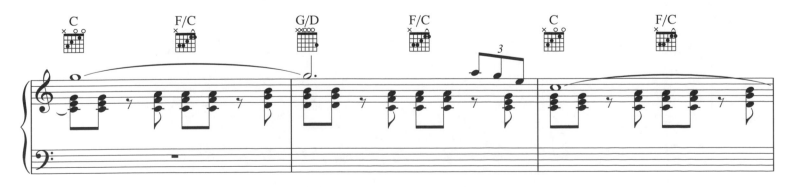

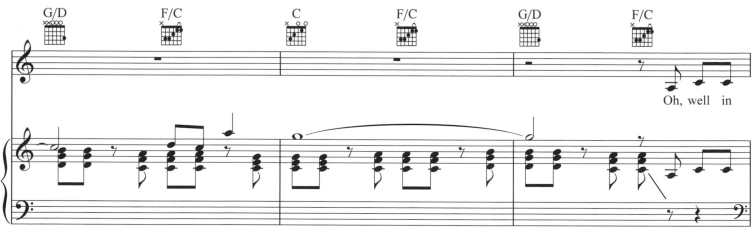

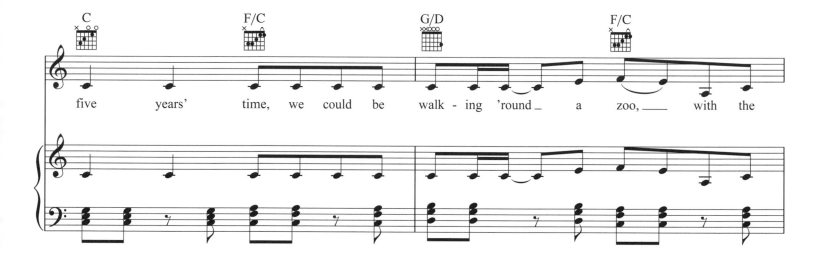

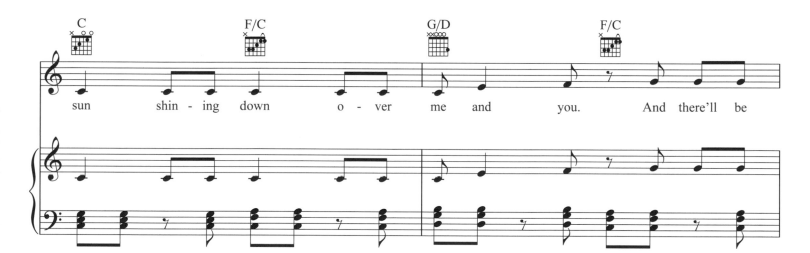

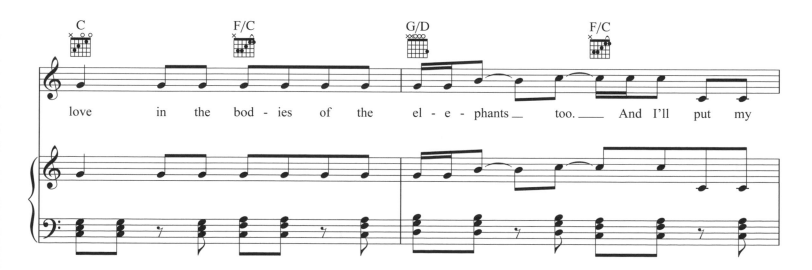

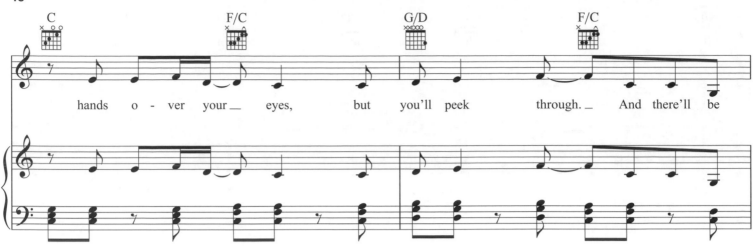

hands o - ver your __ eyes, but you'll peek through. __ And there'll be

sun, sun, sun all o - ver our bod - ies; and

sun, sun, sun all down our necks, __ and there'll __ be ____

sun, sun, sun _____ all o - ver our fac - es, and sun, sun, sun, __

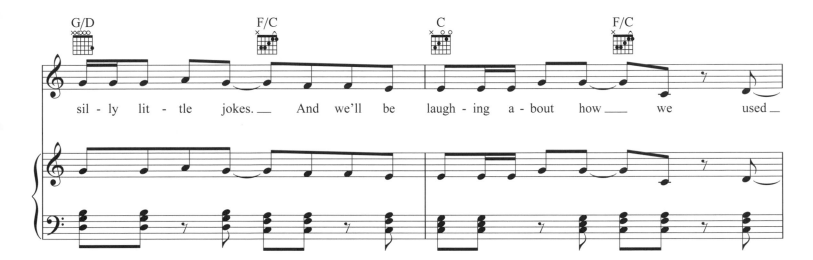

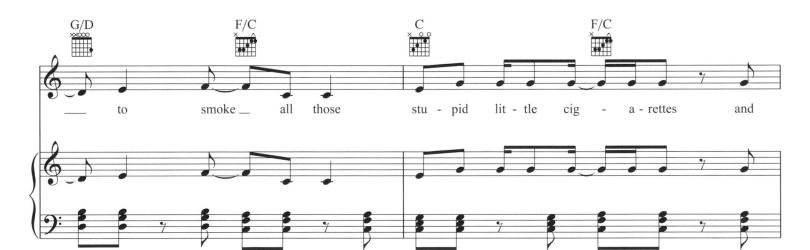

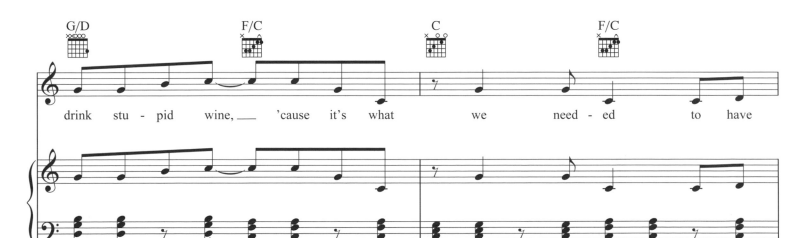

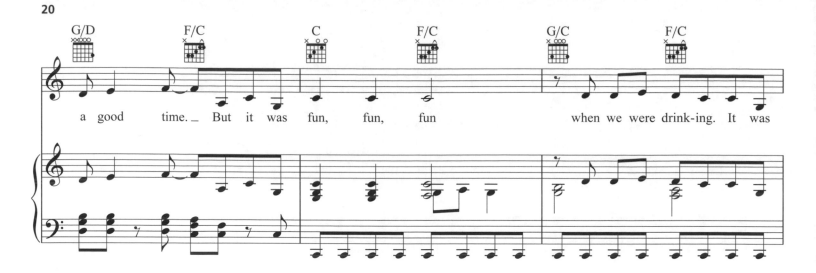

a good time. __ But it was fun, fun, fun when we were drink-ing. It was

fun, fun, fun when we were drunk. __ And it ____ was __

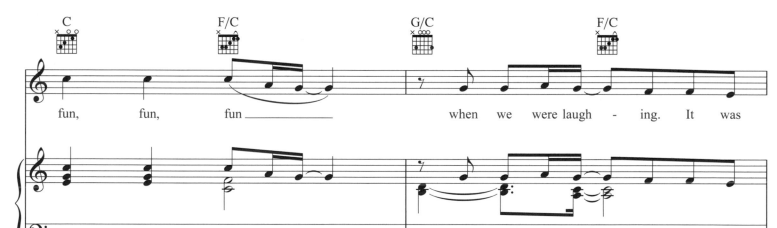

fun, fun, fun _____ when we were laugh - ing. It was

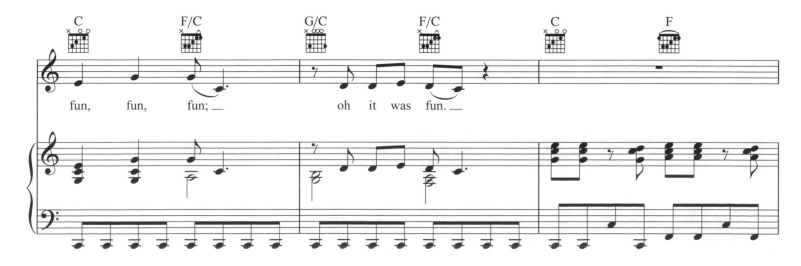

fun, fun, fun; __ oh it was fun. __

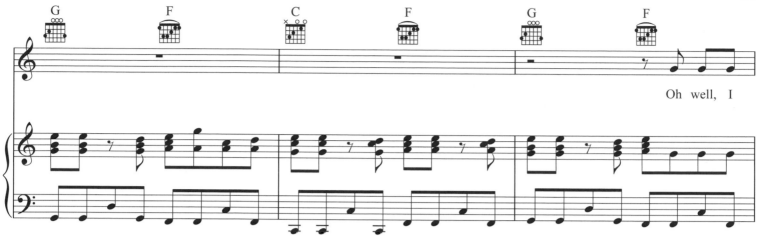

Oh well, I

look at you and say, ___ "It's the hap - pi - est that I've ev - er been." ___ And I'll say,

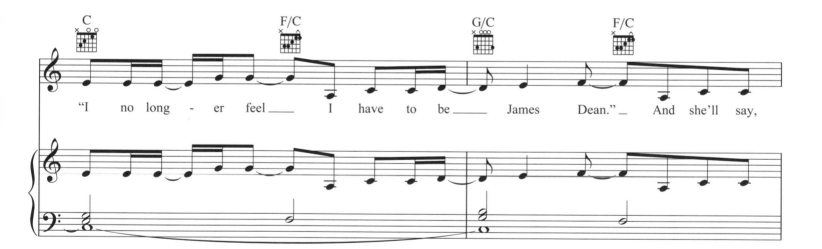

"I no long - er feel ___ I have to be ___ James Dean." ___ And she'll say,

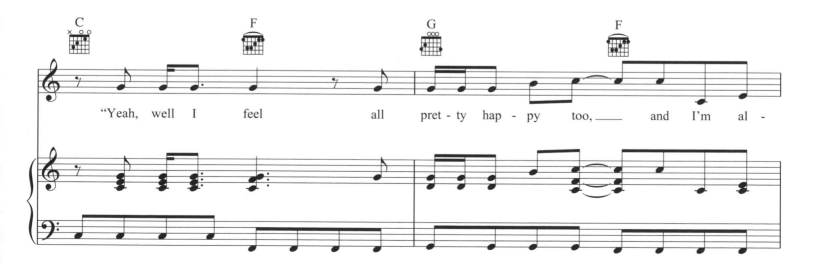

"Yeah, well I feel all pret - ty hap - py too, ___ and I'm al -

22

ways pret-ty hap-py when I'm___ just kick-in' back___ with you. And it-'ll be

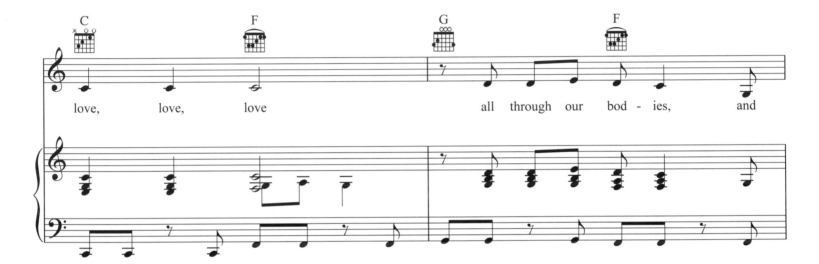

love, love, love all through our bod-ies, and

love, love, love all through our minds.___ And it-'ll be

love, love, love _____ all o-ver her___ face, and

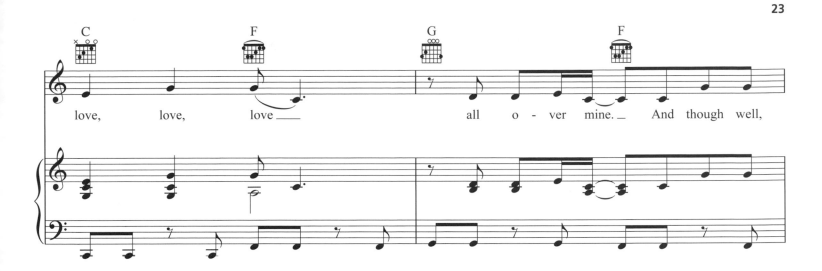

love, love, love ____ all o - ver mine. __ And though well,

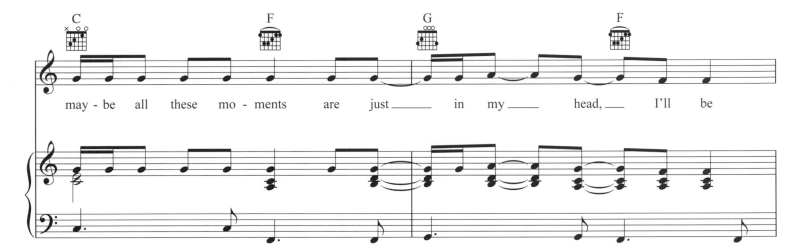

may - be all these mo - ments are just ____ in my ____ head, __ I'll be

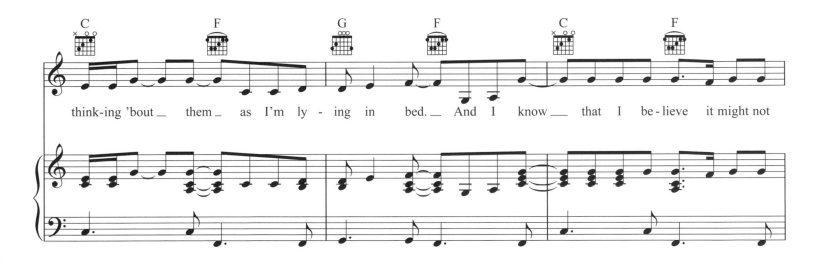

think-ing 'bout __ them __ as I'm ly - ing in bed. __ And I know __ that I be - lieve it might not

e - ven come __ true. __ But in my mind, I'm __ hav - ing a pret - ty good

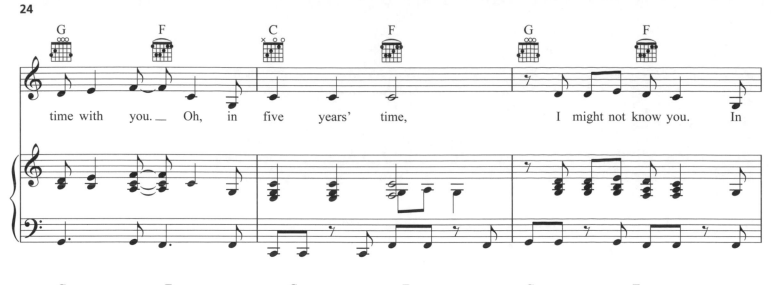

time with you. __ Oh, in five years' time, I might not know you. In

five years' time, we might not speak. Oh, in five years' time, _____

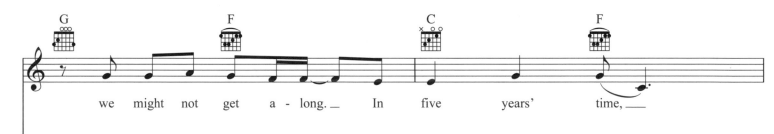

we might not get a - long. __ In five years' time, ___

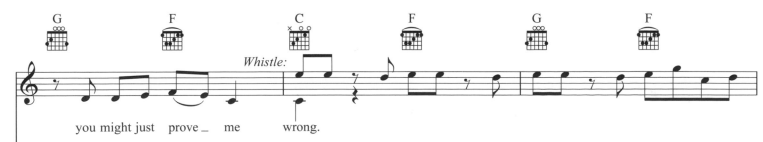

Whistle:

you might just prove __ me wrong.

GONE, GONE, GONE

Words and Music by GREGG WATTENBERG,
DEREK FUHRMANN and TODD CLARK

Recorded a half step higher.

Dm7

hope dan - gling by a string, I'll share in ___ your suf - fer - ing ___ to
your well ___ is emp - ty, not a thing will ___ pre - vent me. ___ Tell me

Bb(add2)

make you ___ well, ___ to make you ___ well. ___ Give me
what you ___ need. ___ What do you ___ need? ___ I sur -

Bb **F** **C** **Bb** **F**

rea - sons to be - lieve ___ that you would do the same for
ren - der hon - est - ly; ___ you've al - ways done the same for

C **Bb** **F**

N.C.

me.
me. So } I will do it (for ___ you, ___ for ___
       And

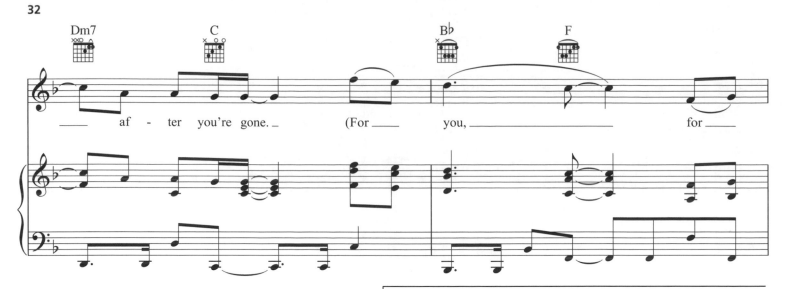

af - ter you're gone. ___ (For ___ you, _____ for ___

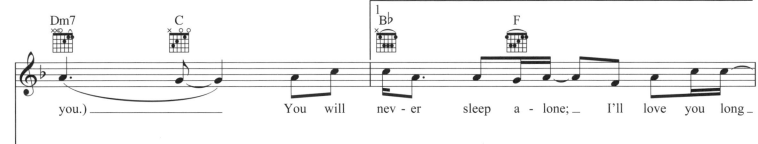

you.) _____ You will nev - er sleep a - lone; _ I'll love you long _

___ af - ter you go. ___ (For ___ nev - er sleep a - lone; _ I'll love you long, _

___ long ___ af - ter you go. ___ Like a drum, ba - by,

HELPLESSNESS BLUES

Words and Music by
ROBIN PECKNOLD

Slightly faster

my - self.

rit.

Pedal ad lib.

If I _____ had an or - chard _____

if I _____ had an or - chard I'd
oh, _____ oh, oh, _____ oh, _____

work 'til I'm ___ sore;
oh, _____ oh.

if I _____ had an or - chard I'd work 'til I'm ___

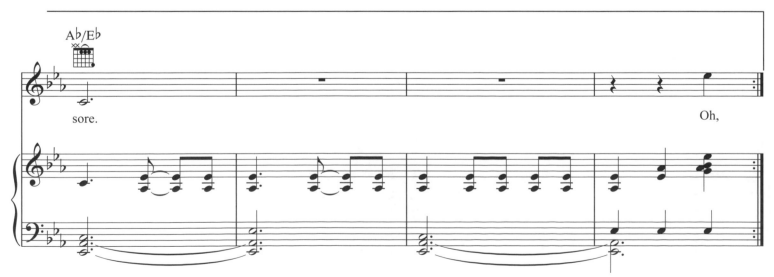

sore.   Oh,

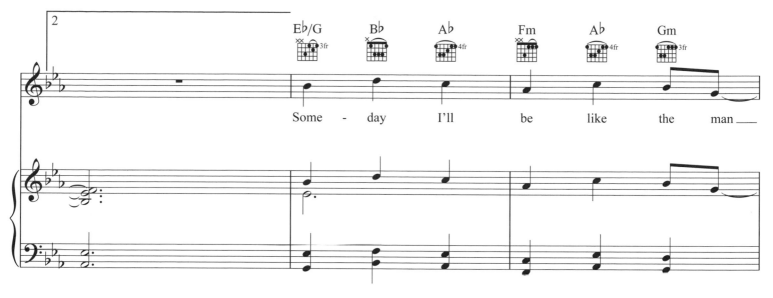

Some-day I'll be like the man

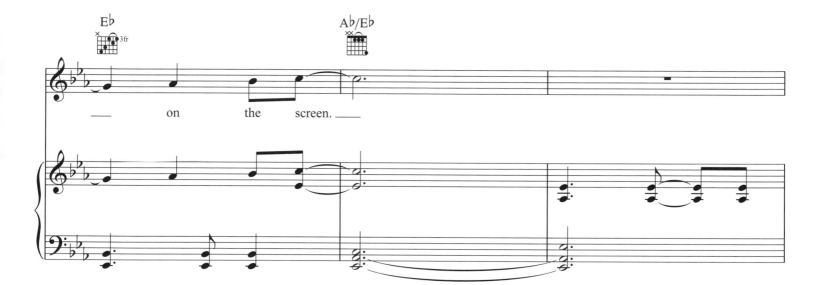

on the screen.

HOME

Words and Music by JADE CASTRINOS
and ALEX EBERT

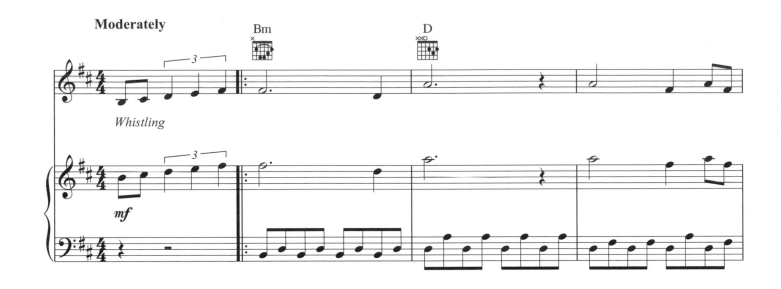

Whistling

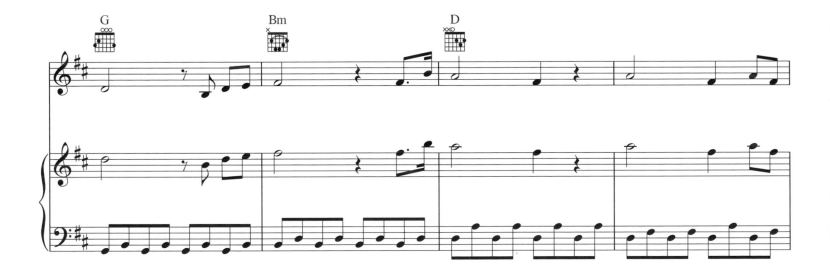

Girl: Al - a - bam - a, Ar - kan - sas, I do love my ma and pa,
Guy: I'll fol - low you in - to the park, through the jun - gle, through the dark.

Home is ____ wher - ev - er I'm with you. ____

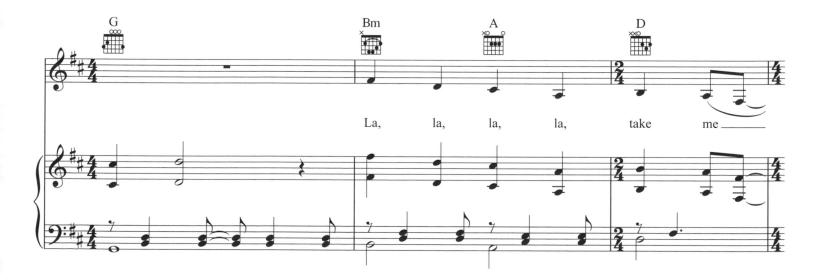

La, la, la, la, take me ____

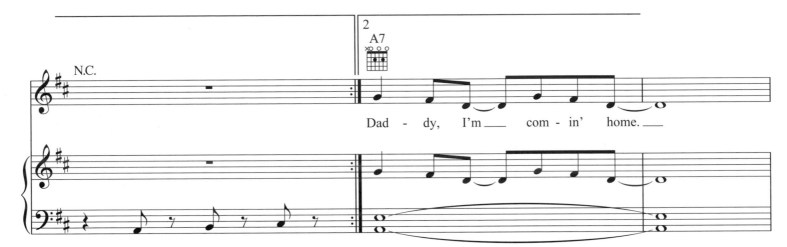

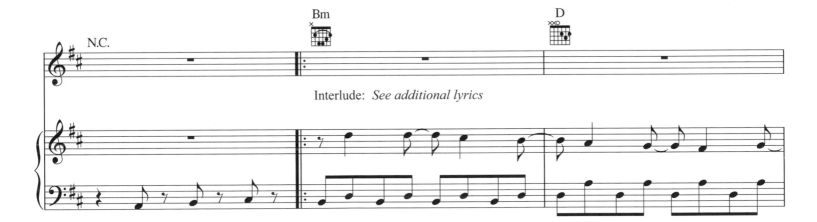

Interlude: *See additional lyrics*

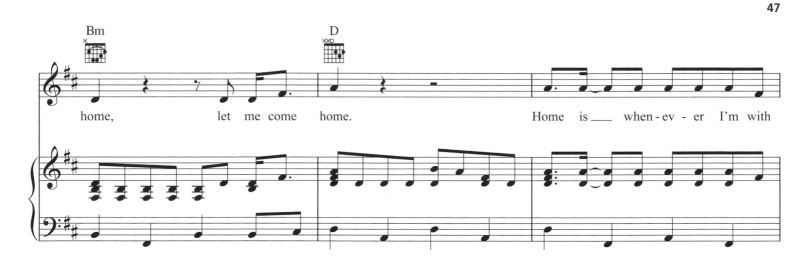

home, let me come home. Home is __ when-ev-er I'm with

you. ___ Ah, __ home, let me come home. ___

Home is __ when I'm a-lone __ with you. ___ *Guy:* Home, let me come

home. Home is __ wher-ev-er I'm with you. *Girl:* Ah, __

48

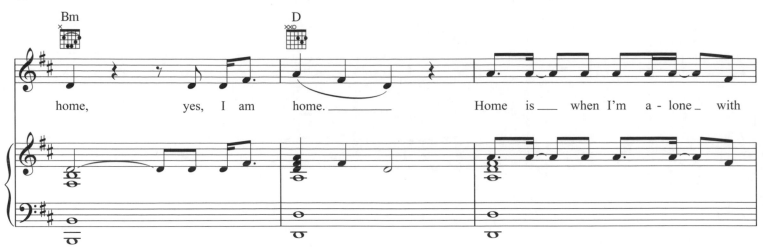

home, yes, I am home._____ Home is __ when I'm a-lone __ with

you. __ Al - a - bam - a, Ar - kan - sas, _____

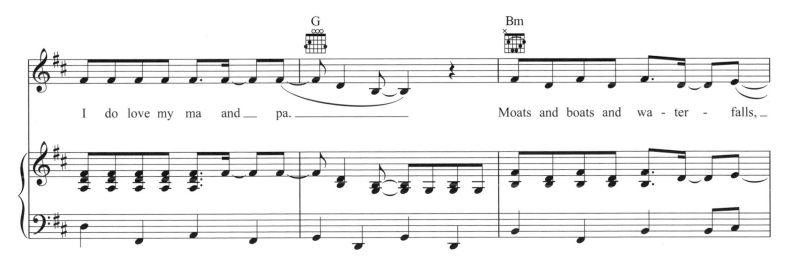

I do love my ma and __ pa. _____ Moats and boats and wa - ter - falls, _

_____ al - ley - ways and pay - phone __ calls. _____

Interlude lyrics (spoken):

Guy: Jade?
Girl: Alexander?
Guy: Do you remember that day you fell out of my window?
Girl: I sure do. You came jumping right out after me.
Guy: Well, you fell on the concrete, nearly broke your ass. You were bleeding all over the place.
I rushed you out to the hospital. You remember that?
Girl: Yes, I do.
Guy: Well, there's something I never told you about that night.
Girl: What didn't you tell me?
Guy: Well, while you were sitting in the back seat smoking a cigarette you thought was gonna be your last,
I was falling deep, deeply in love with you, and I never told you until just now.
Girl: Aww, alright!

I AND LOVE AND YOU

Words and Music by SCOTT AVETT,
SETH AVETT and ROBERT CRAWFORD

Load the car ___ and write the note; ___

grab your bag ___ and grab your coat. ___

Tell the ones ___ that need to know: ___ we are head-ed north.

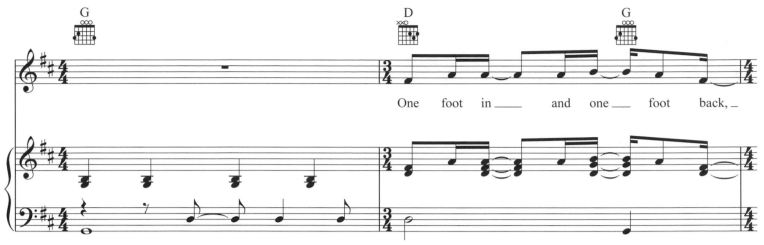

One foot in ___ and one ___ foot back, ___

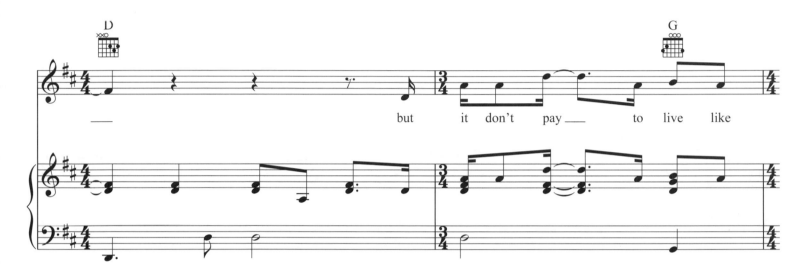

___ but it don't pay ___ to live like

that. So I cut the ties ___ and I jumped the tracks, ___

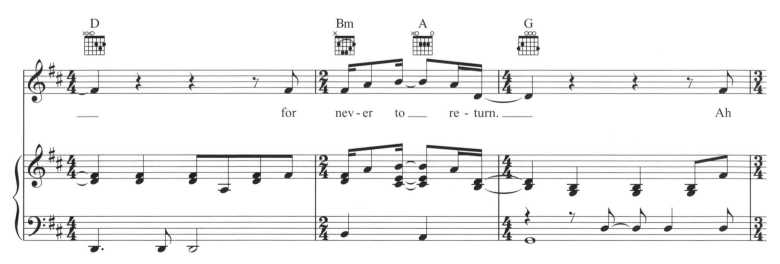

___ for nev-er to ___ re - turn. ___ Ah

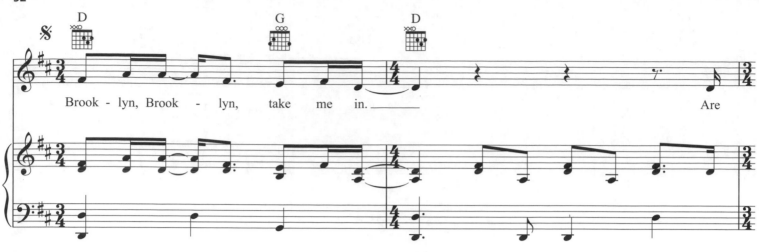

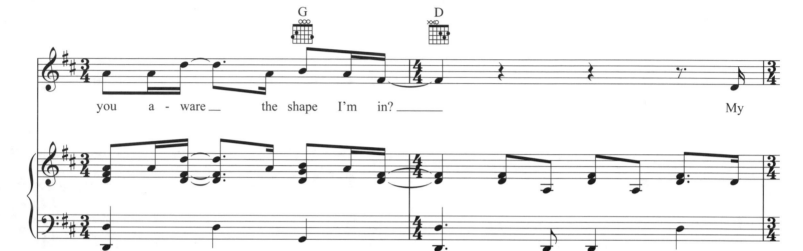

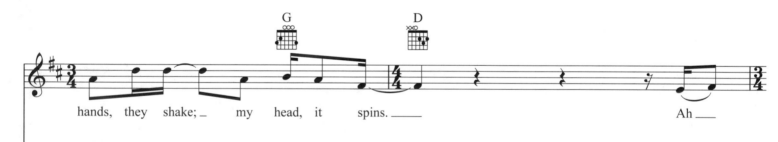

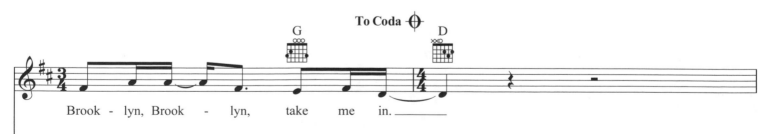

When at first ___ I learned ___ to
wom - an, she's ___ got eyes ___ that

speak, I used all ___ my words ___ to
shine like a pair of sto - len pol - ished

fight with him and her ___ and you ___ and me. ___
dimes. She asked to dance; ___ I said ___ it's fine. ___

1

___ Oh, but it's such a waste ___ of time. ___

...

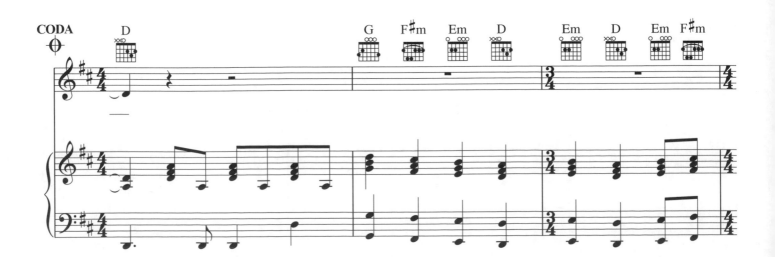

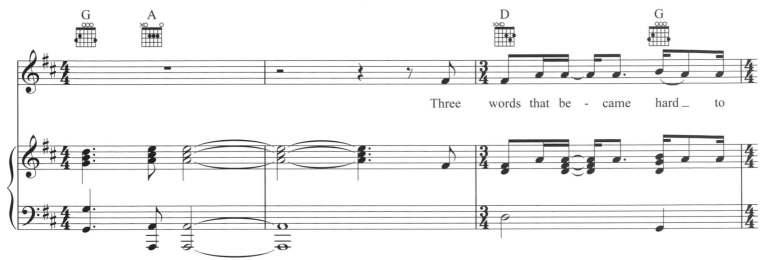

Three words that be - came hard __ to

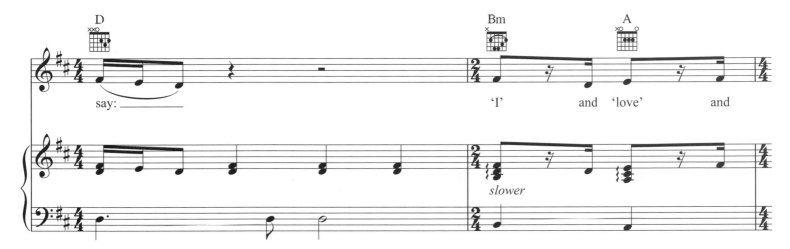

say: __ 'I' and 'love' and

slower

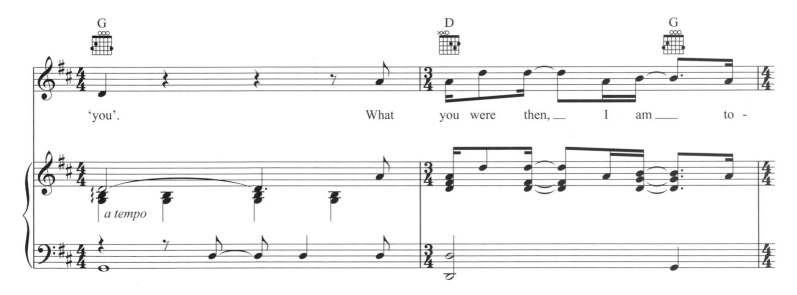

'you'. What you were then, __ I am __ to -

a tempo

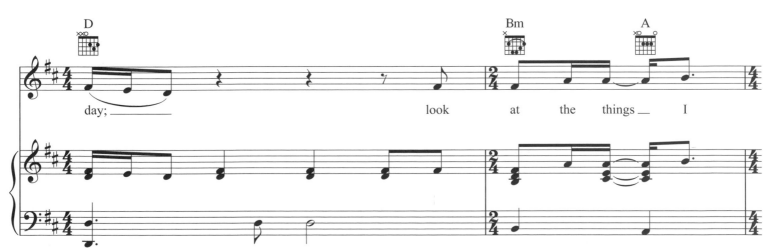

day; __ look at the things __ I

56

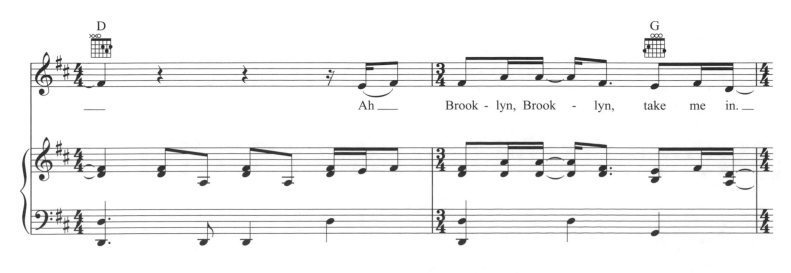

down and numbed __ by time and age, _____ your

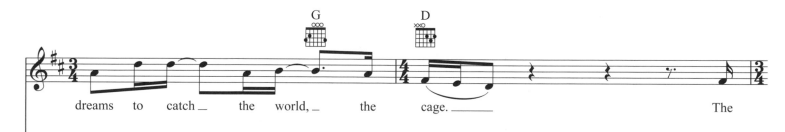

dreams to catch __ the world, __ the cage. _____ The

high - way sets the trav - 'ler's stage. All

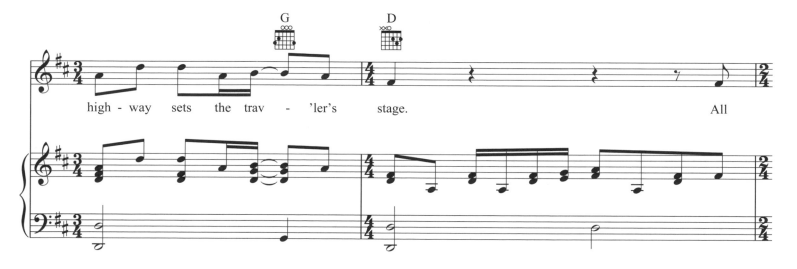

ex - its look ___ the same. ___ Three

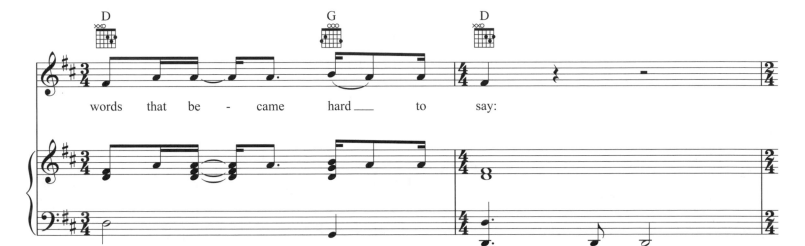

words that be - came hard ___ to say:

'I' and 'love' and 'you'; 'I' and 'love' and

slower *a tempo* *slower*

'you'; 'I' and 'love' and 'you'.

rit.

I WILL WAIT

Words and Music by
MUMFORD & SONS

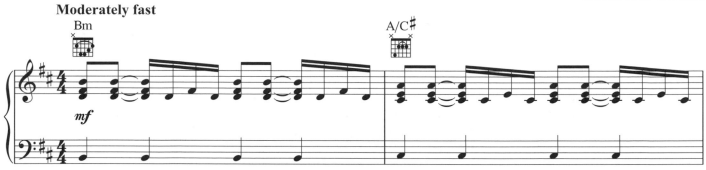

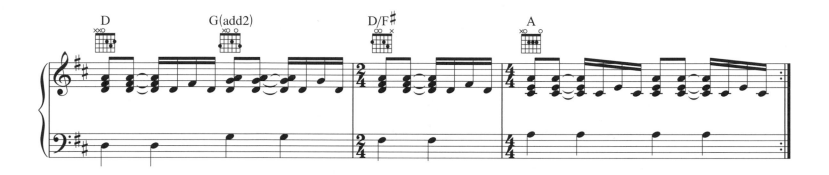

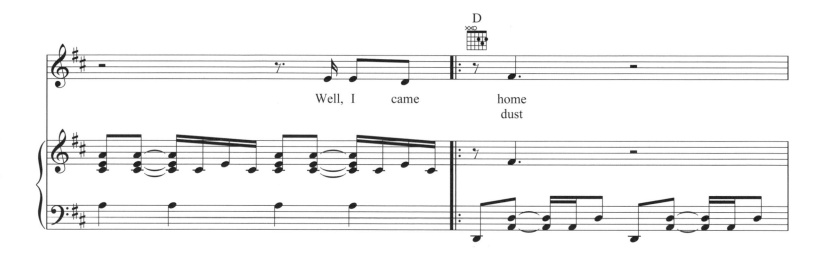

Well, I came home
dust

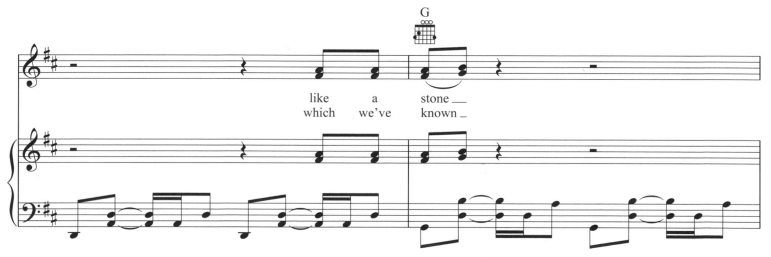

like   a   stone ___
which we've   known _

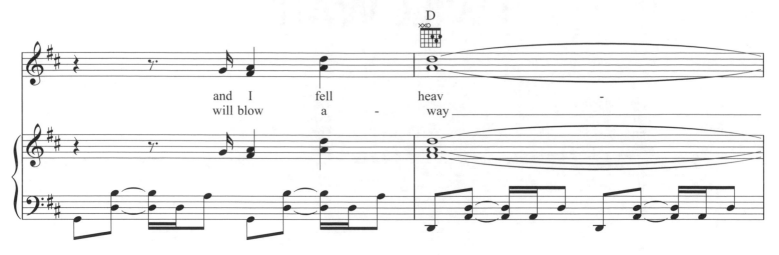

and I fell heav

will blow a - way _____

- y in - to your arms.

with this new sun.

These days of

But I'll _____

I'll _____

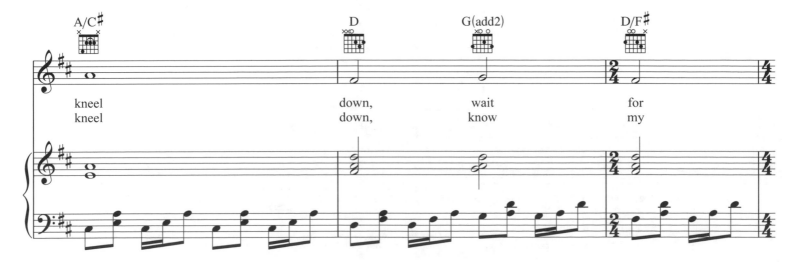

kneel down, wait for

kneel down, know my

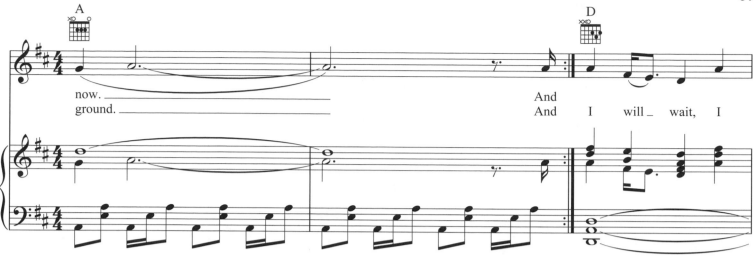

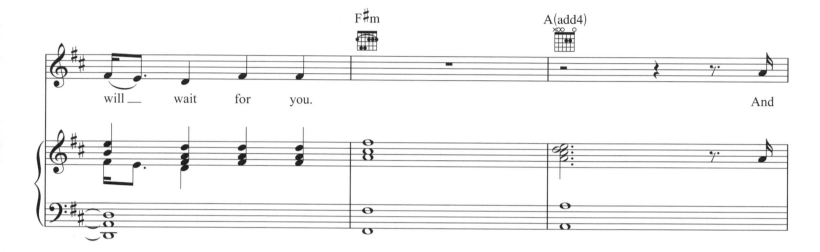

So break my step seen

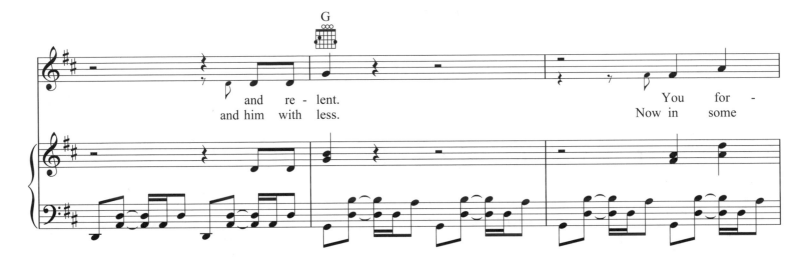

and re - lent.
and him with less.
You for -
Now in some

gave _____ and I won't
way _____ shake the ex -

for - get.
cess. ___

Know what we've

'Cause I will __ wait, I

will __ wait for you.

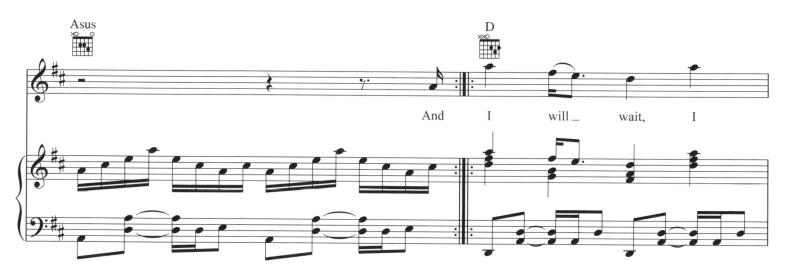

And I will __ wait, I

will __ wait for you.

And

Now I'll be bold

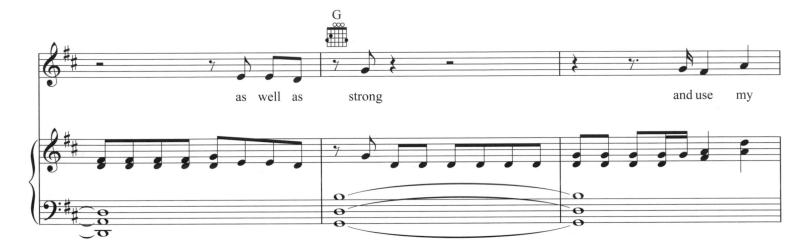

as well as strong and use my

head _____ a - long - side my ____ heart.

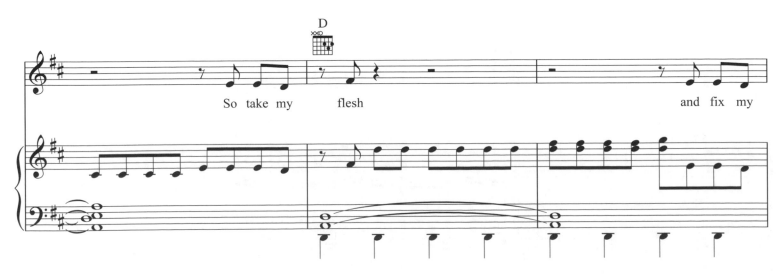

So take my flesh and fix my

eyes, a teth - ered mind _____

_____ free from the ___ lies.

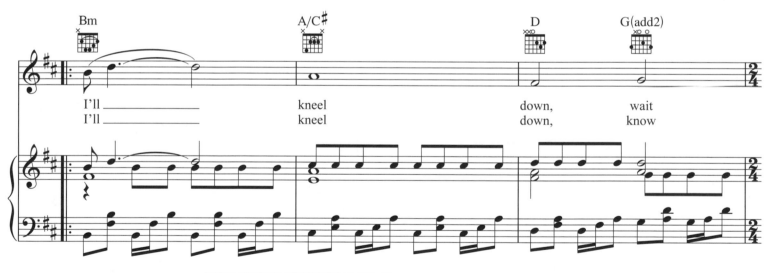

I'll _____ kneel down, wait
I'll _____ kneel down, know

for now. _____
my ground. _____

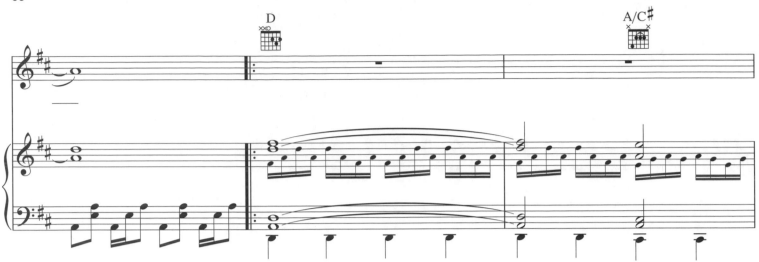

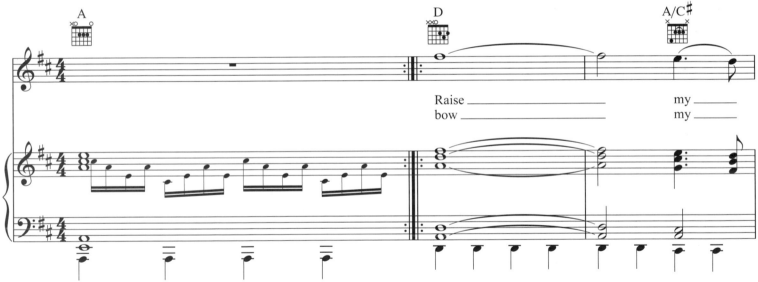

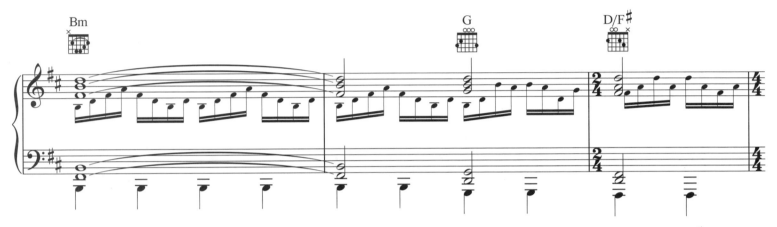

Raise _____ my _____
bow _____ my _____

hands, _____ paint my spir - it
head, _____ keep my heart _____

gold. _____ And slow. _____ 'Cause

I will _ wait, I will _ wait for you.

And I will _ wait, I will _ wait for you.

1st time: And

LITTLE LION MAN

Words and Music by
MUMFORD & SONS

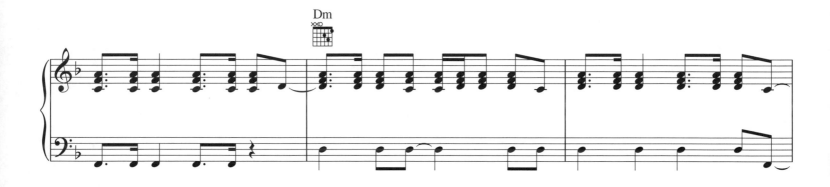

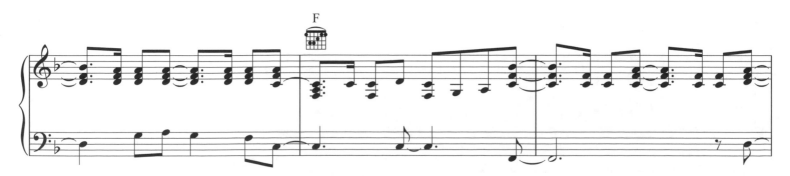

Weep for your-self, my man, you'll nev-er be what is in your

heart. _____ Weep, lit-tle li-on man, you're

not as brave as you were at the _____ start. _____

70

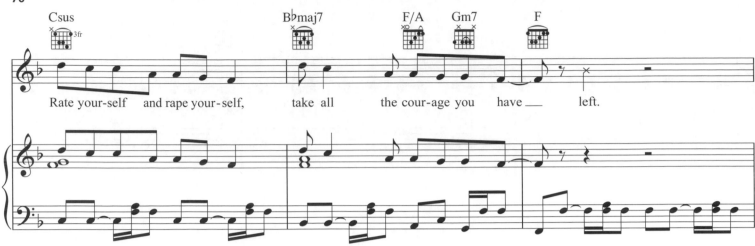

Rate your-self and rape your-self, take all the cour-age you have ___ left.

And waste it on fix-ing all the prob-lems that you made in your own ___

___ head. But it was not your fault, but mine. ___

___ And it was your heart on the line. ___ I real - ly

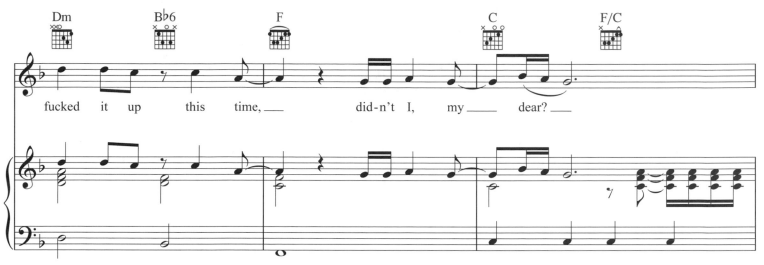

fucked it up this time, ___ did-n't I, my ___ dear? ___

Did-n't I, my...

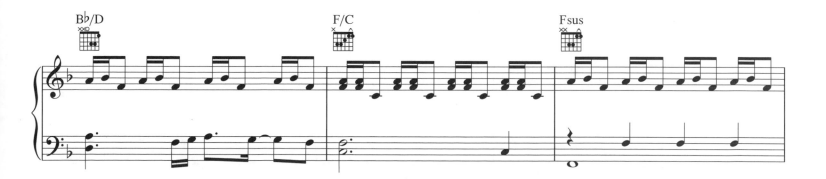

Trem-ble for your-self, my man, you know that you have seen this all be - fore. _____

Trem-ble, lit-tle li - on man. You'll nev-er set - tle an - y of your _____

_____ scores. _____ Your grace is wast - ed in your face, your

bold-ness stands a - lone a-mong the wreck. Now

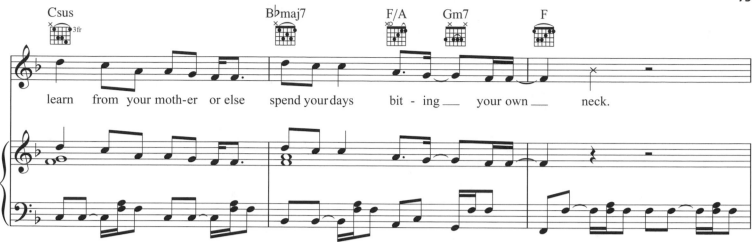

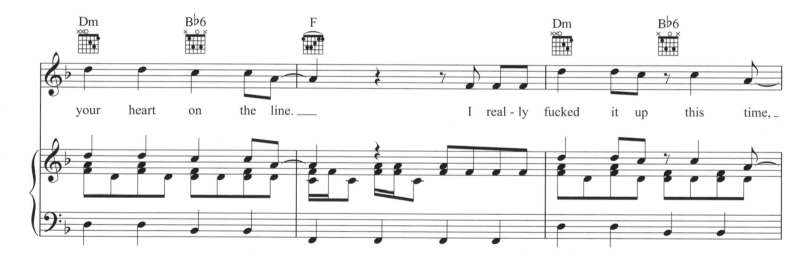

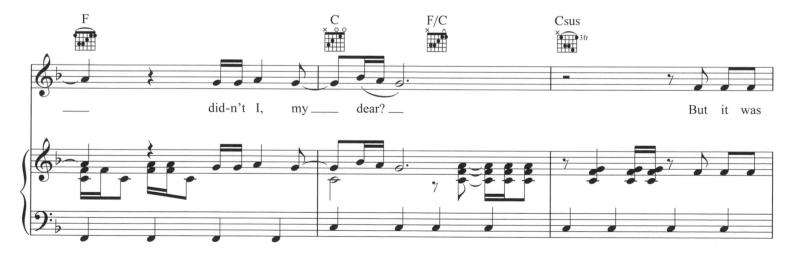

not your fault, but mine. __ And it was your heart on the line. __

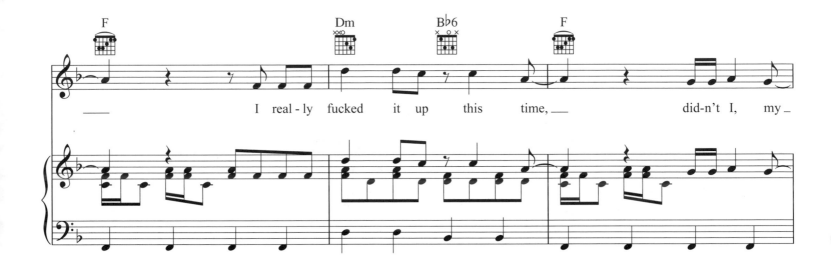

__ I real-ly fucked it up this time, __ did-n't I, my __

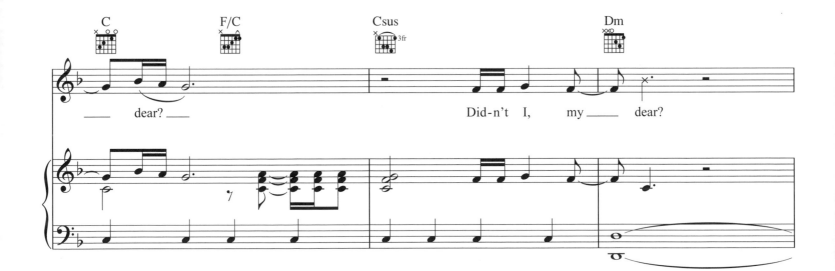

__ dear? __ Did-n't I, my __ dear?

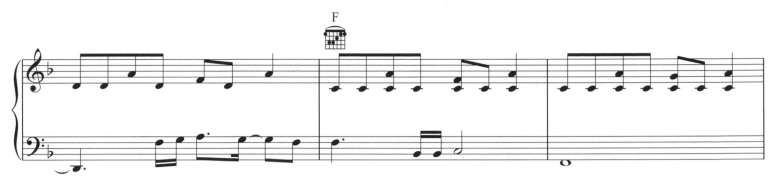

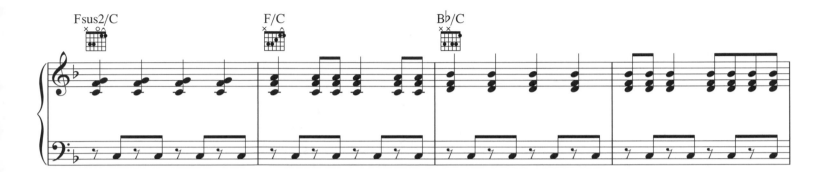

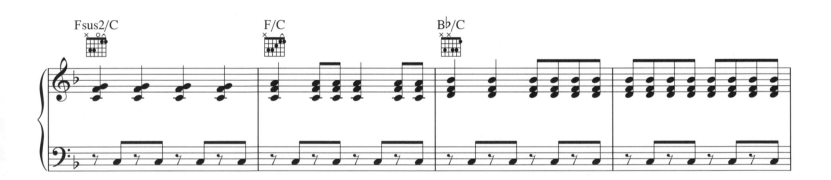

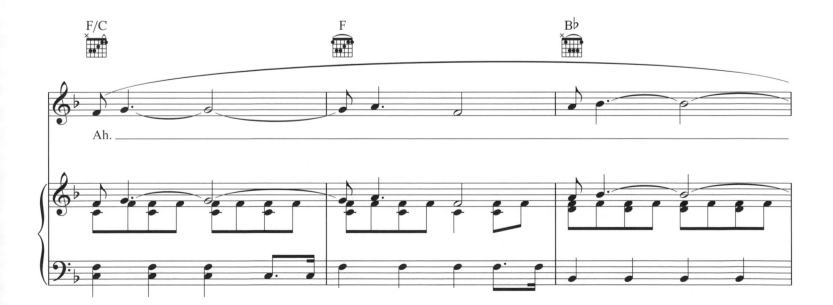

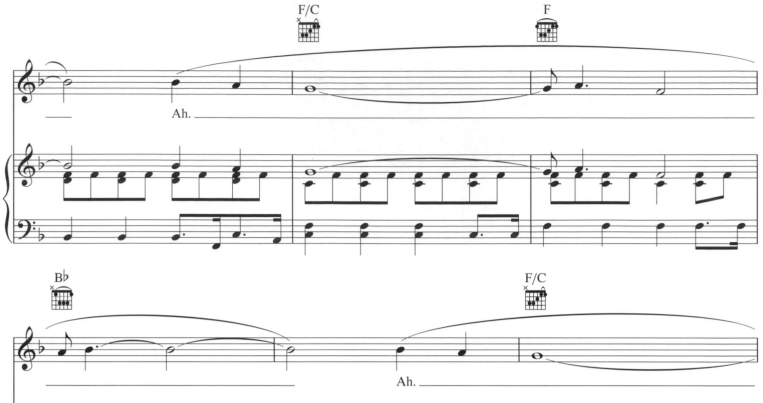

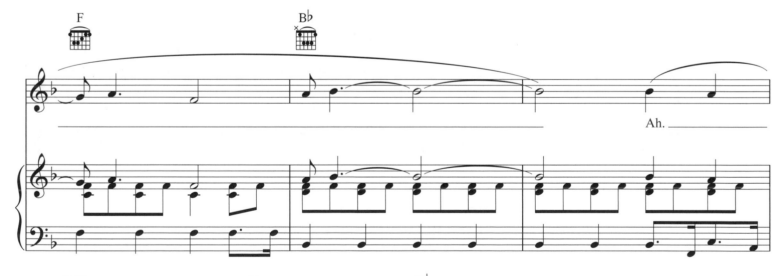

Ah. _____

But it was not your fault, but mine. ___ And it was

your heart on the line. ___ I real-ly fucked it up this time, _

did-n't I, my ___ dear? ___ But it was

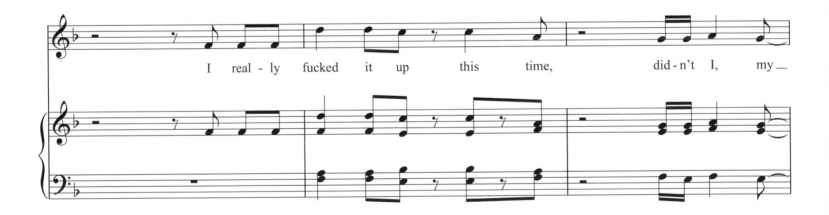

not your fault, but mine. And it was your heart on the line.

I real - ly fucked it up this time, did - n't I, my ___

___ dear? ___ Did - n't I, my ___ dear?

LITTLE TALKS

Words and Music by
OF MONSTERS AND MEN

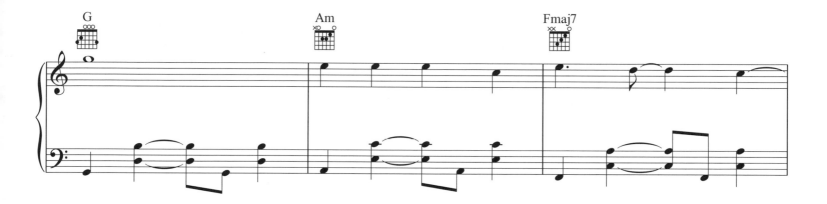

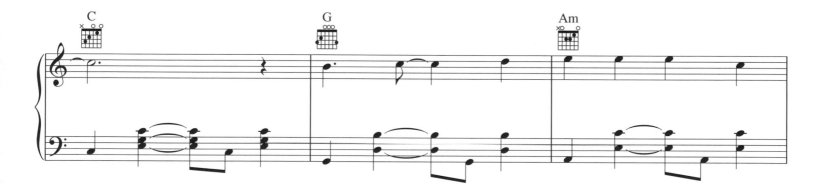

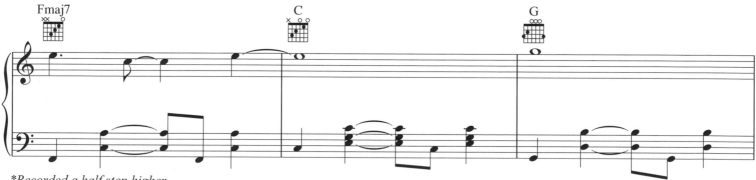

Recorded a half step higher.

Female: There's   an   old ___ like   voice   in ___ my   head ___ that's ___
Female: I   don't   like   walk - ing   a - round ___ this   old ___

___   and   emp - ty   house. ___   *Male:* So   hold   my   hand,   I'll
___   hold - ing   me   back. ___   *Male:* Well,   tell   her   that   I

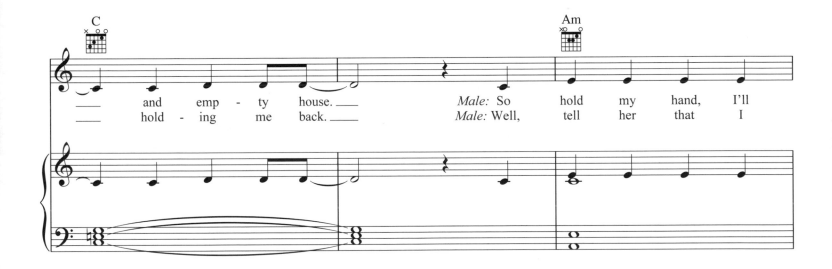

walk   with   you, ___   my   dear. ___   *Female:* The   stairs   creak
miss   our ___ lit - tle   talks. ___   *Female:* Soon   it   will   be

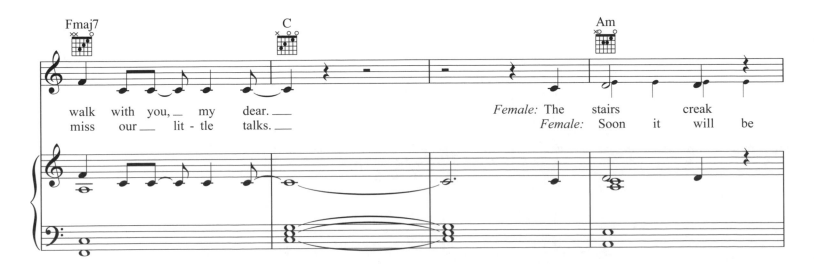

81

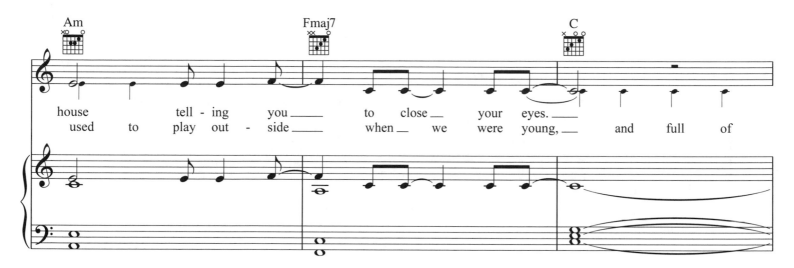

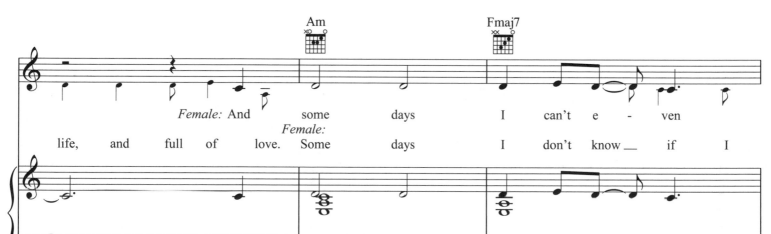

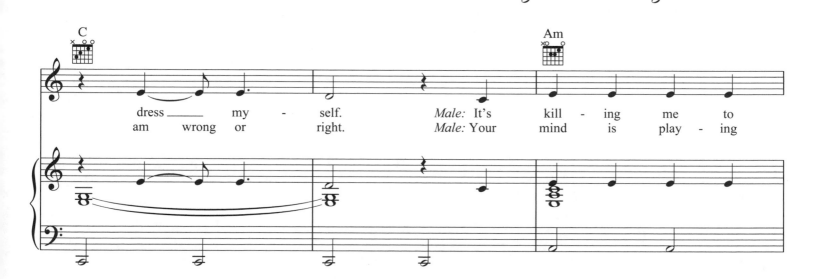

see you this ___ way.
tricks on you, ___ my dear.

Because though the

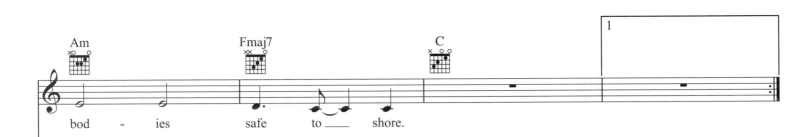

truth may var - y, this ___ ship ___ will car - ry our ___

bod - ies safe to ___ shore.

Don't lis - ten to a word I ___ say. ___

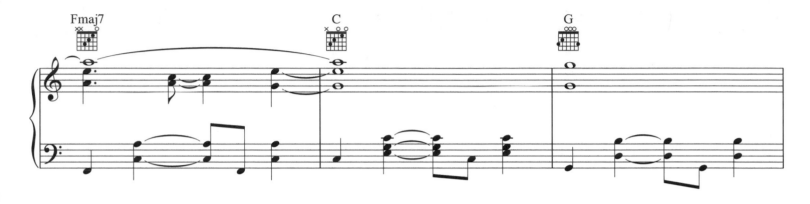

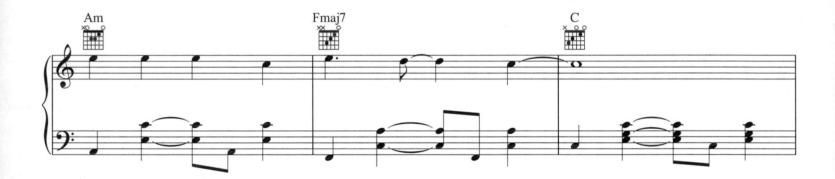

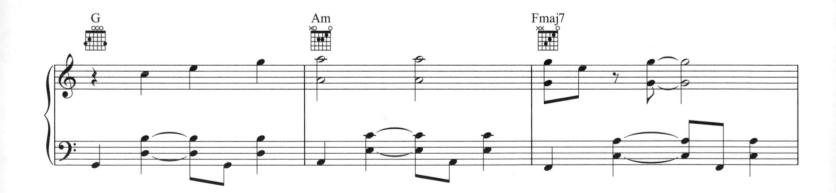

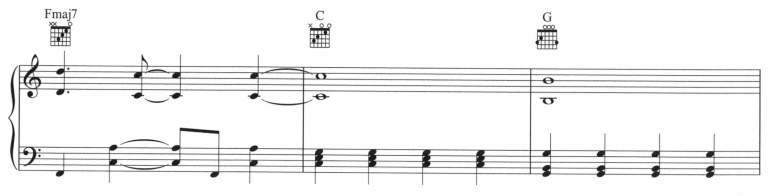

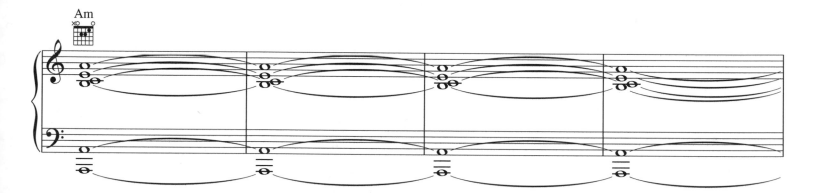

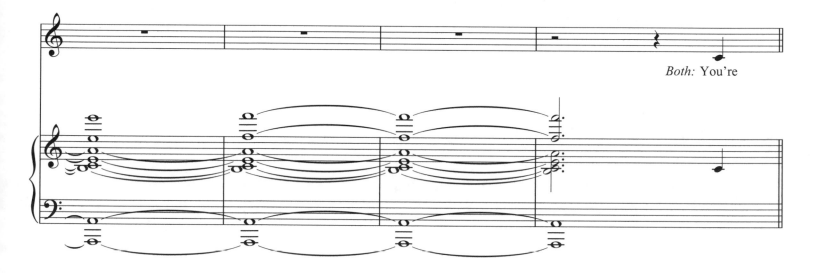

Both: You're

gone, gone, gone a - way; __ I watched you dis - ap - pear. __
torn, torn, torn a - part; __ there's noth - ing we can do. __

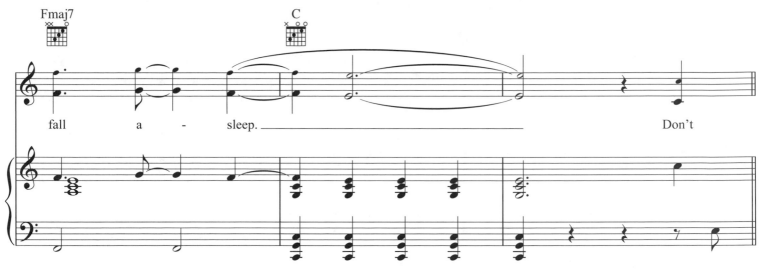

fall a - sleep. _____ Don't

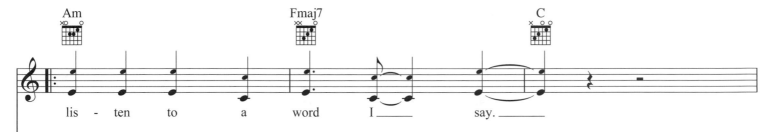

lis - ten to a word I ___ say. ___

The screams all sound the ___ same. ___

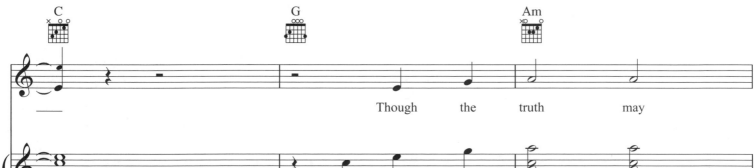

___ Though the truth may

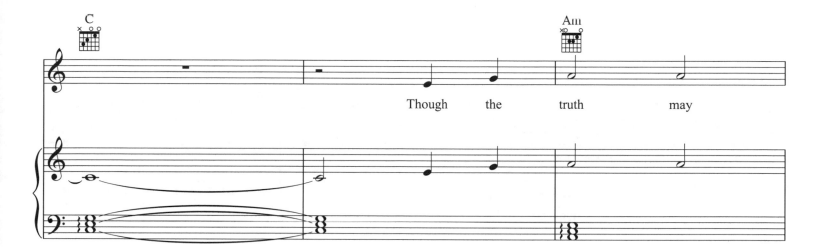

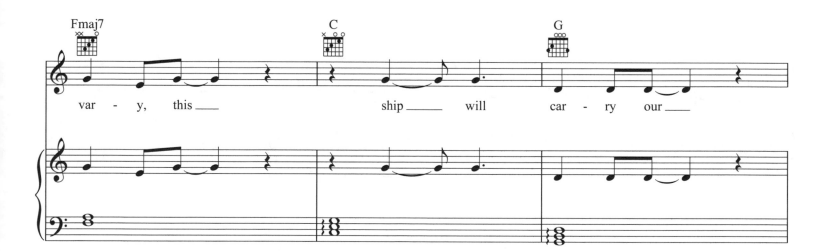

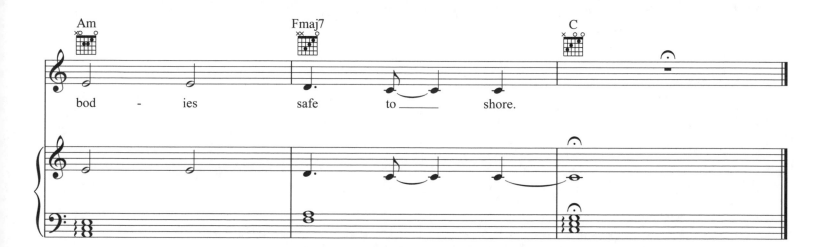

LIVE AND DIE

Words and Music by SCOTT AVETT,
SETH AVETT and ROBERT CRAWFORD

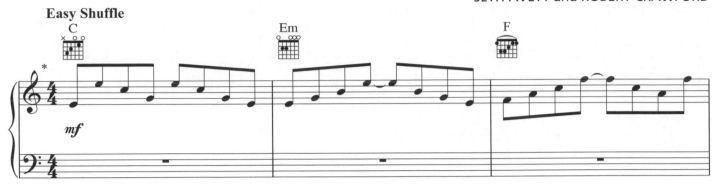

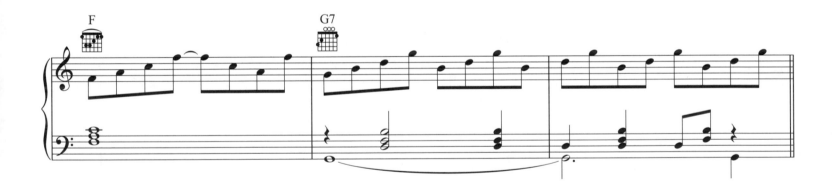

1. All it will take ___ is just one ___ mo - ment, and _____
2. Left like a Pha - raoh, sing like a spar - row an - y - way, _____
3. *Instrumental solo*

* *Recorded a half step lower.*

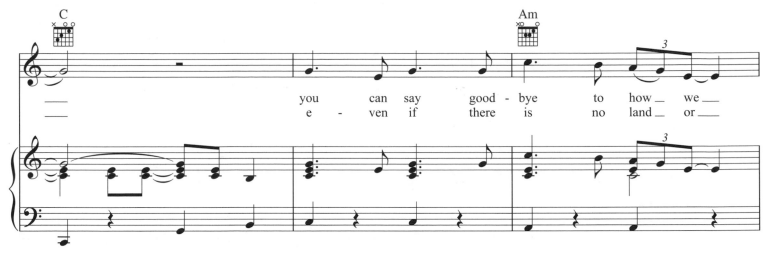

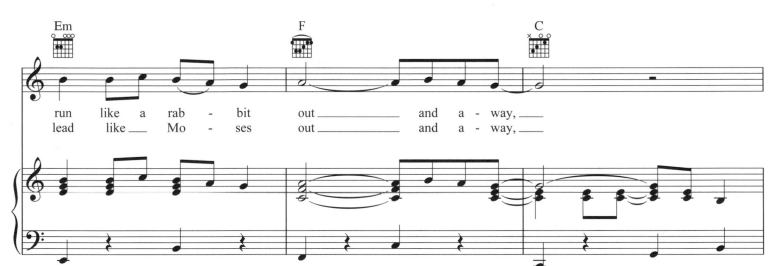

MAN ON FIRE

Words and Music by
ALEXANDER EBERT

*Recorded a half step lower.

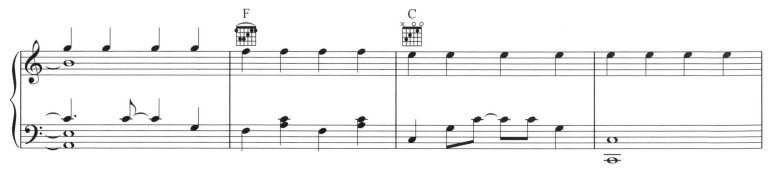

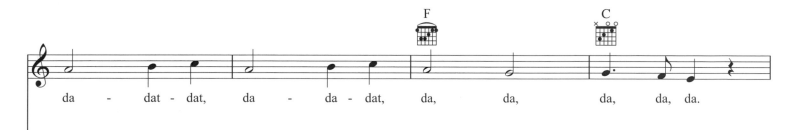

Ba - dup - bup, ba - dup - bup,

ba - dup - bup, ba - da, _____ da - dat - dat,

da - dat - dat, da - da - dat, da, da, da, da, da.

MYKONOS

Words and Music by
ROBIN PECKNOLD

Moderately fast

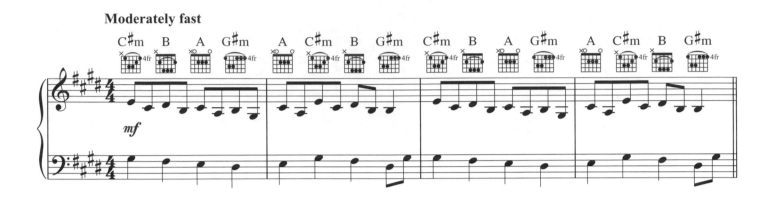

Whoa. _____

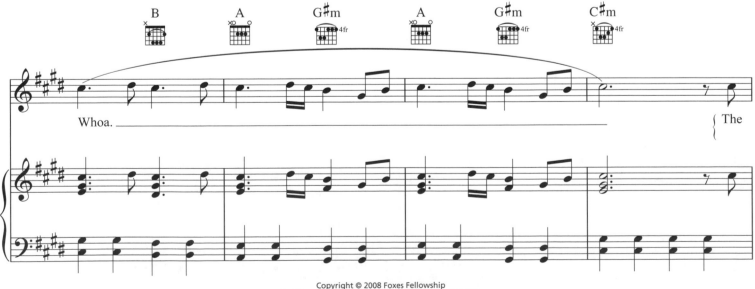

Whoa. _____ The

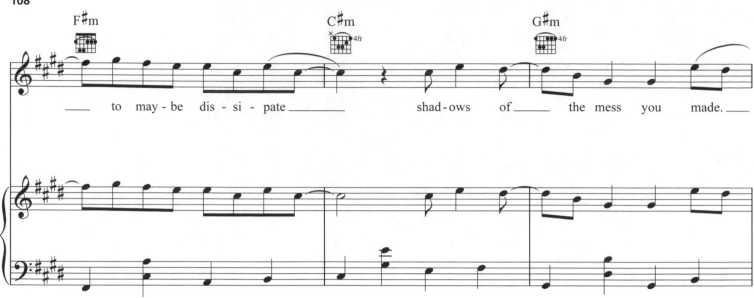

to may-be dis-si-pate _____ shad-ows of _____ the mess you made. _____

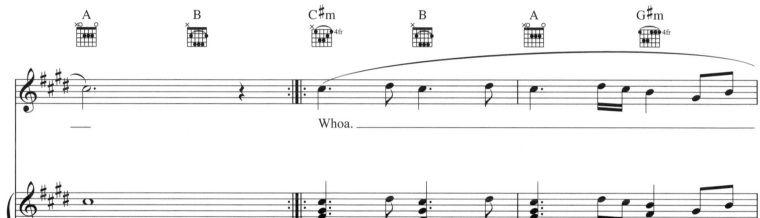

Whoa. _____

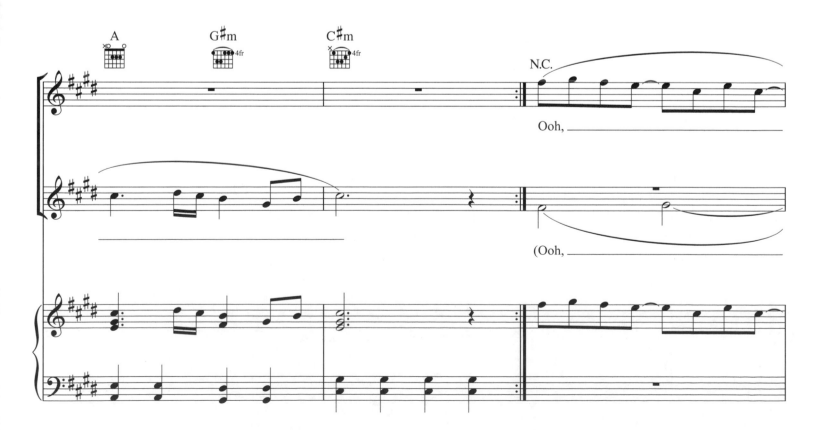

Ooh, _____

(Ooh, _____

THE ONE THAT GOT AWAY

Words and Music by JOY WILLIAMS,
JOHN PAUL WHITE and CHARLIE PEACOCK

I nev-er meant to get us in this deep.

I nev-er meant for this to mean a thing.

Oh, I wish you were the one, ___

I miss the way you want-ed me

when I was stay-ing just out of ___ your reach, ___

beg-ging for the slight-est touch. ___ Ooh, you could-n't get e - nough. ___ Mmm. _____

Got a - way ___

D.S. al Coda

CODA

POISON & WINE

Words and Music by JOHN WHITE,
JOY WILLIAMS and CHRIS LINDSEY

Male lead: You on - ly know what I want you to. ____

Female lead: I know ev - 'ry - thing you don't

want me to. ____

Male: Your

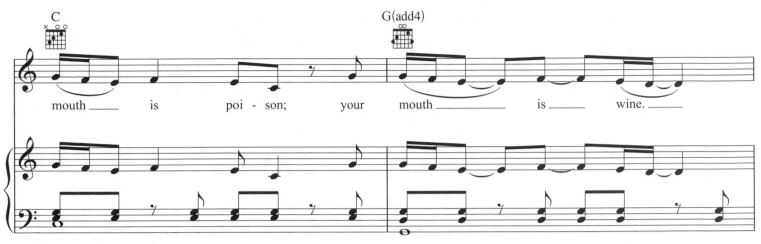

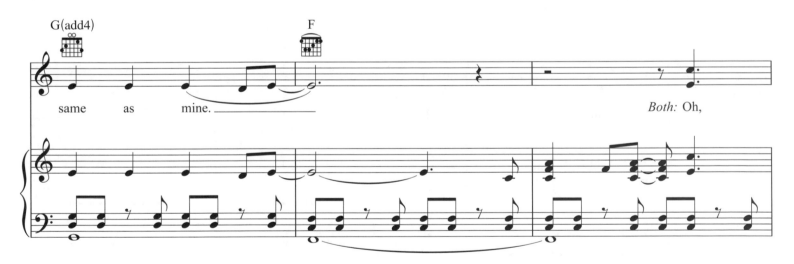

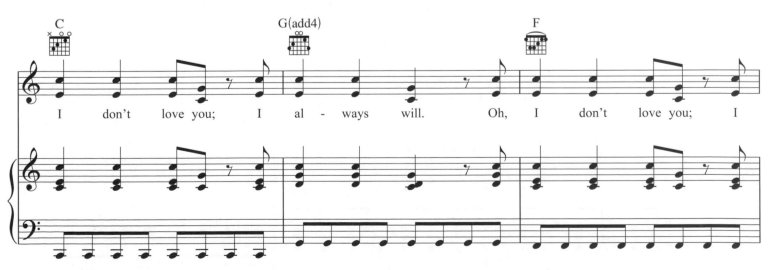

al - ways will. _____ I don't love you; I al - ways will. I

al - ways _____ will. *Female:* Oh, I

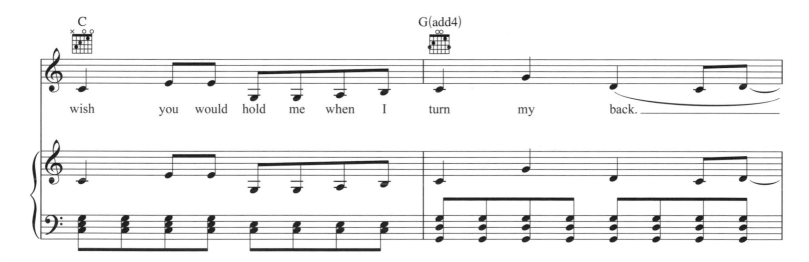

wish you would hold me when I turn my back. _____

Male: The less I give, the more _

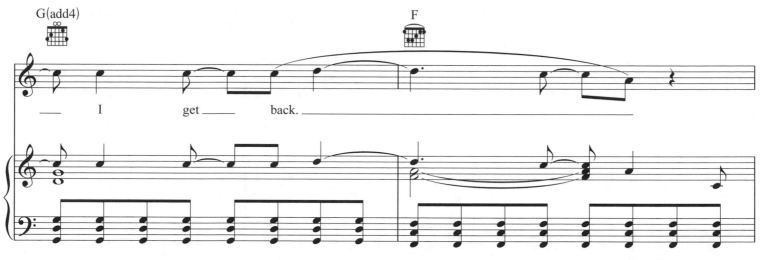

I get back.

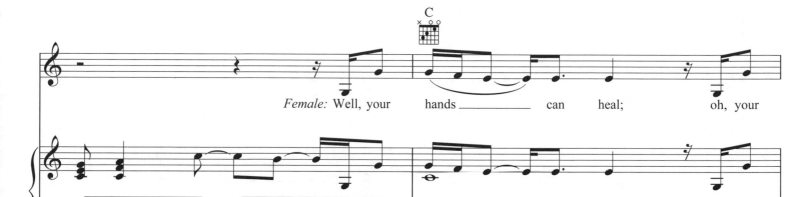

Female: Well, your hands can heal; oh, your

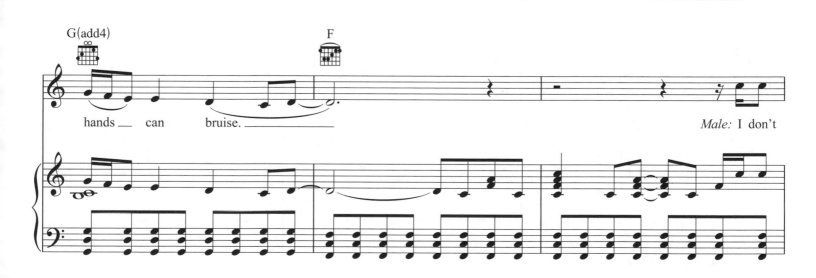

hands can bruise. *Male:* I don't

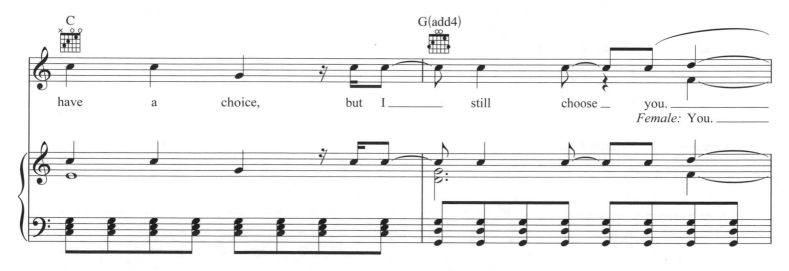

have a choice, but I still choose you. *Female:* You.

122

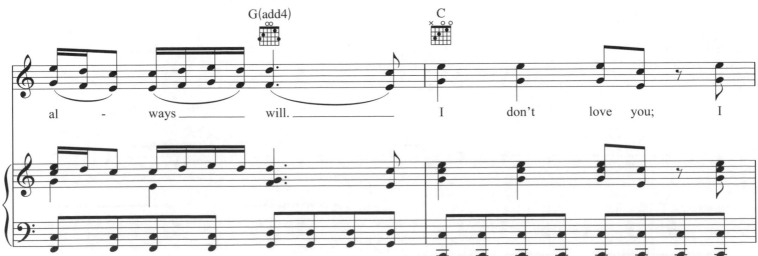

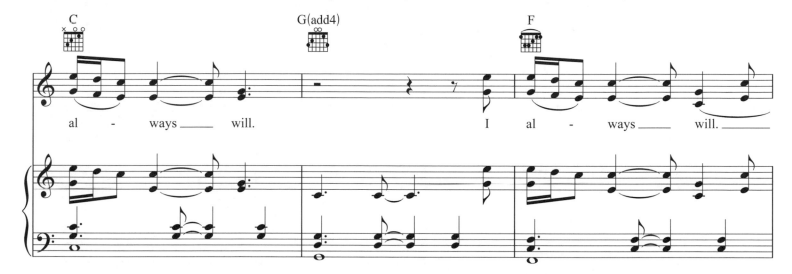

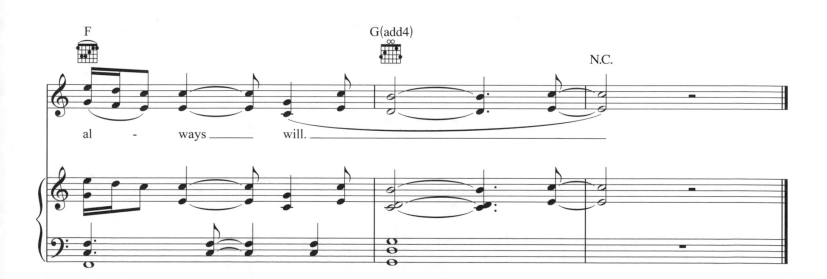

RAGING FIRE

Words and Music by PHILLIP PHILLIPS,
GREGG WATTENBERG, DEREK FUHRMANN
and TODD CLARK

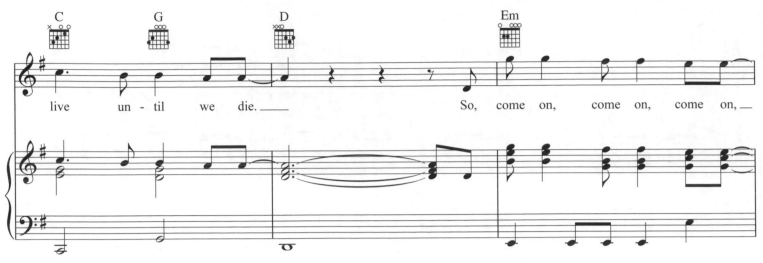

live un - til we die. _____ So, come on, come on, come on, _____

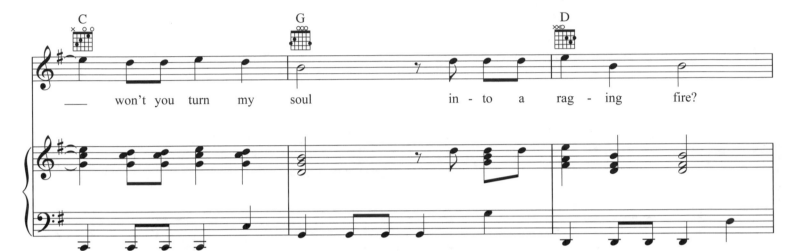

_____ won't you turn my soul in - to a rag - ing fire?

Come on, come on, come on, _____ till we lose con - trol in - to a

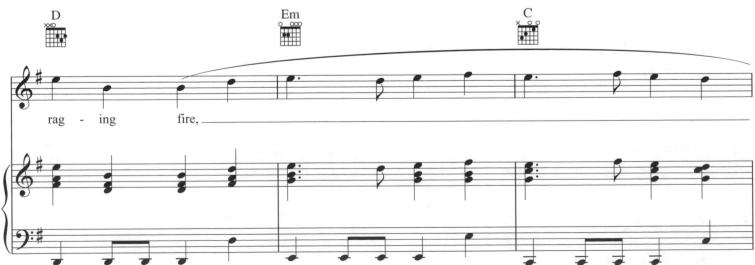

rag - ing fire, _____

in - to a rag - ing fire. Come on, come on, come on, __

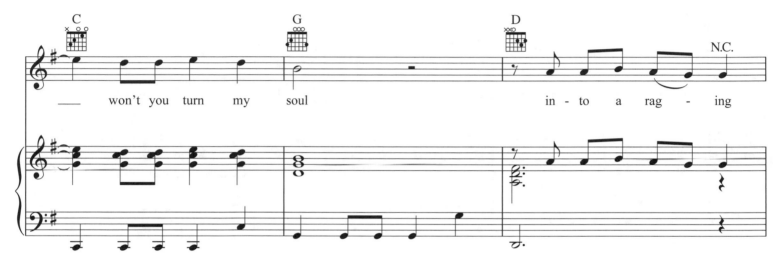

__ won't you turn my soul in - to a rag - ing

fire?

You know time will __ give __ and time will take. All the

mem-'ries_ made_ will wash a-way. E-ven though we've_ changed,_ I'm_

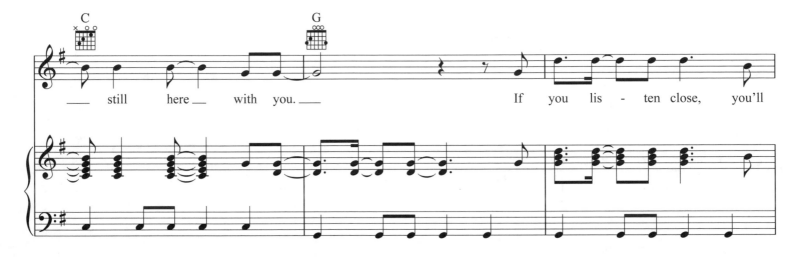

_ still here _ with you. _ If you lis-ten close, you'll

hear the sound of all _ the ghosts that bring us down. ____

Hold on ____ to what makes you __ feel. __ Don't let go, it's what

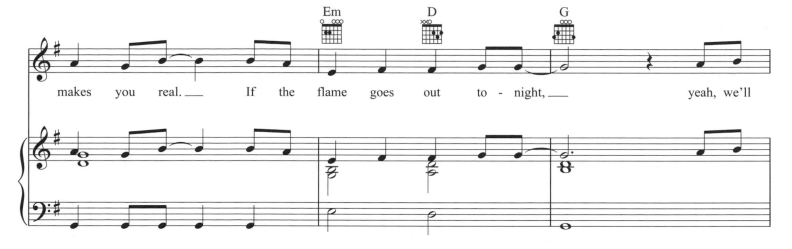

makes you real. ___ If the flame goes out to - night, ___ yeah, we'll

live un - til we die. ___ So, come on, } come on, come on, ___
                                         Come on, }

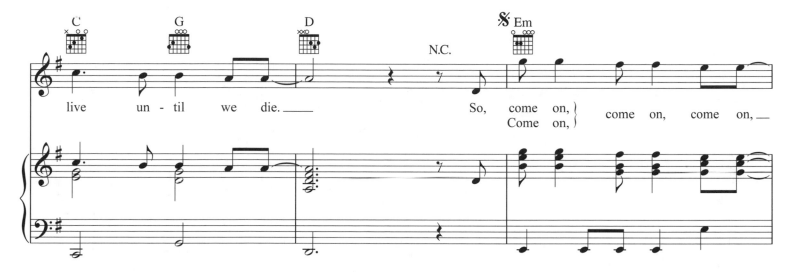

___ won't you turn my soul in - to a rag - ing fire?

Come on, come on, come on, ___ till we lose con - trol in - to a

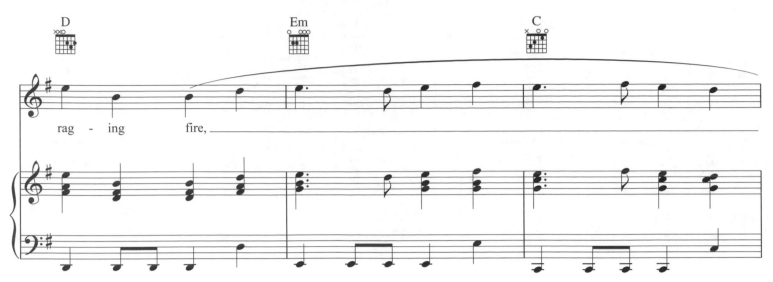

rag - ing fire, _____

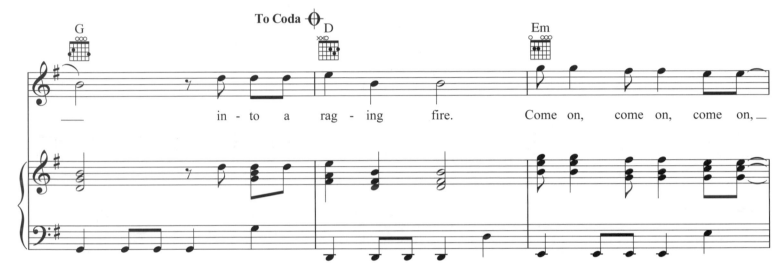

_____ in - to a rag - ing fire. Come on, come on, come on, __

_____ won't you turn my soul in - to a rag - ing

fire?

Let the world leave us be - hind. ___ Let your

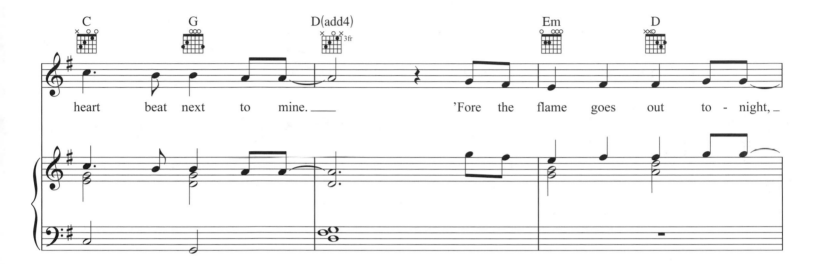

heart beat next to mine. ___ 'Fore the flame goes out to - night, _

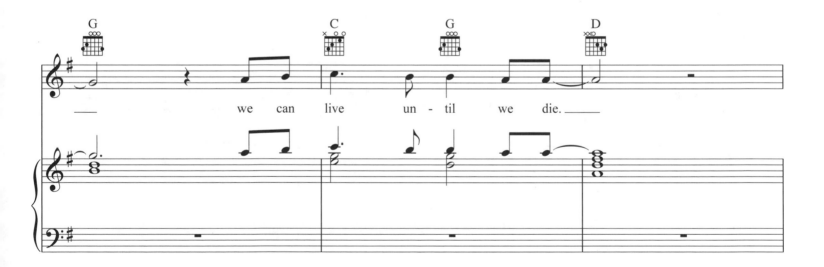

___ we can live un - til we die. ___

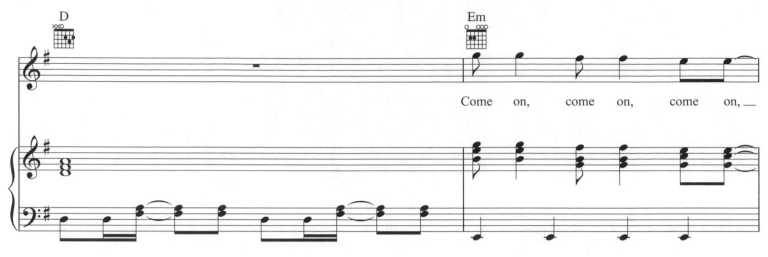

Come on, come on, come on, __

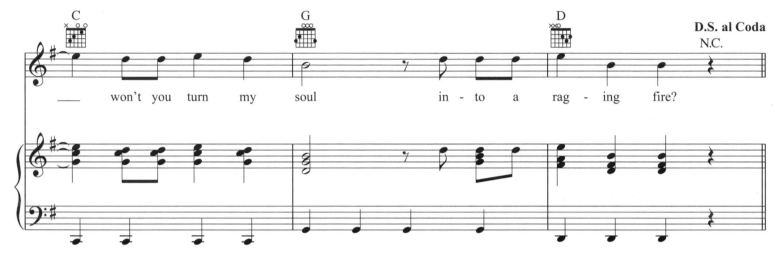

__ won't you turn my soul in - to a rag - ing fire?

D.S. al Coda
N.C.

CODA

rag - ing fire. __

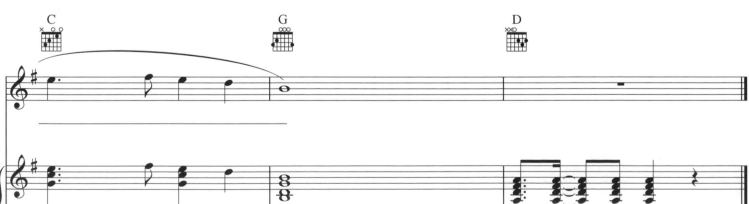

SWITZERLAND

Words and Music by
BEN HARDESTY

not   at   all   pre - tend. ____   I   need   you __ now __

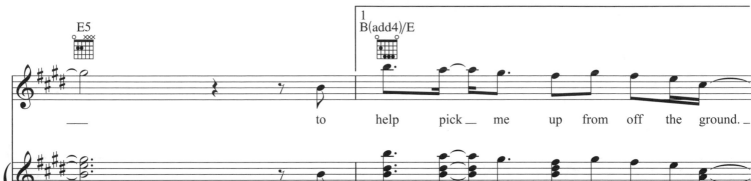

__   to   help   pick __ me   up   from   off   the   ground. __

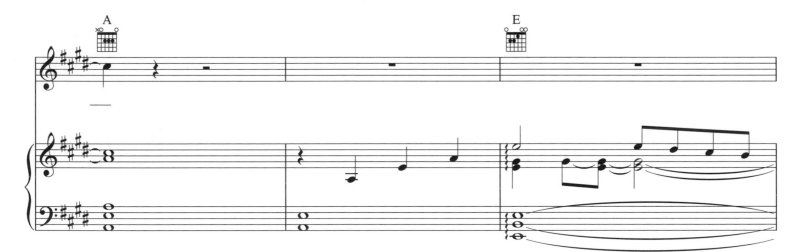

Our

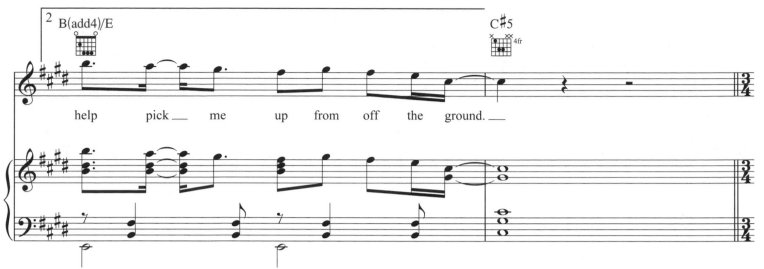

help pick __ me up from off the ground. __

Moderately fast

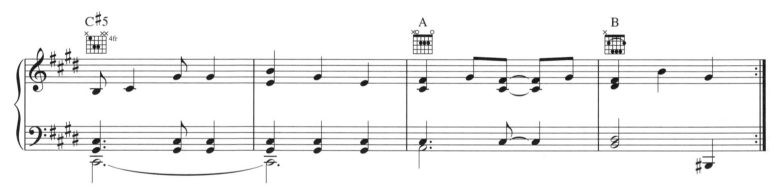

Play 4 times

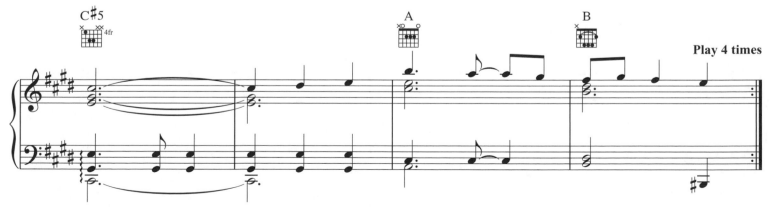

138

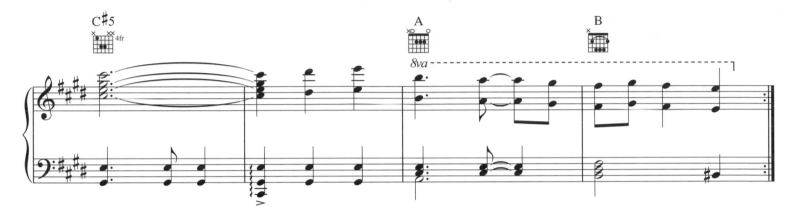

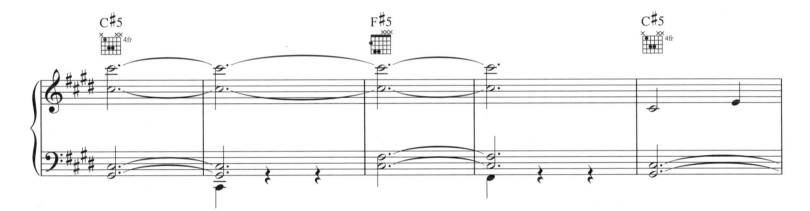

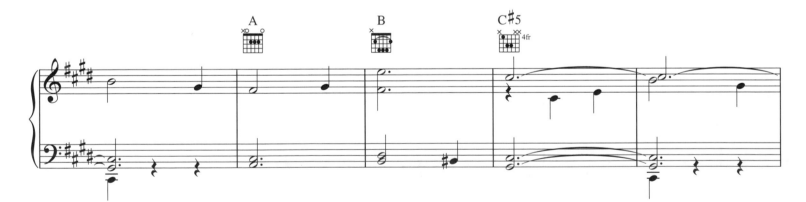

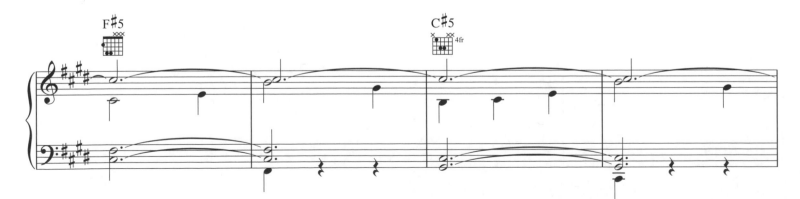

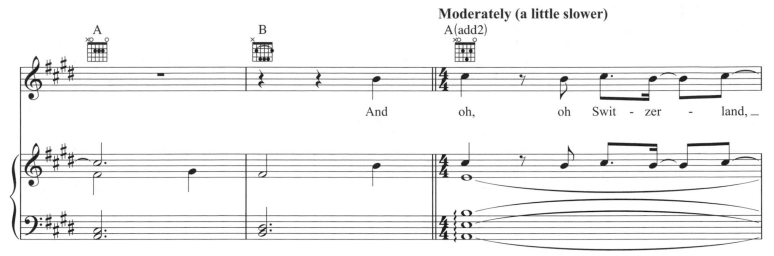

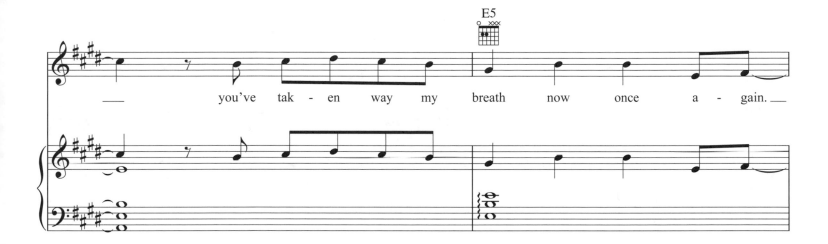

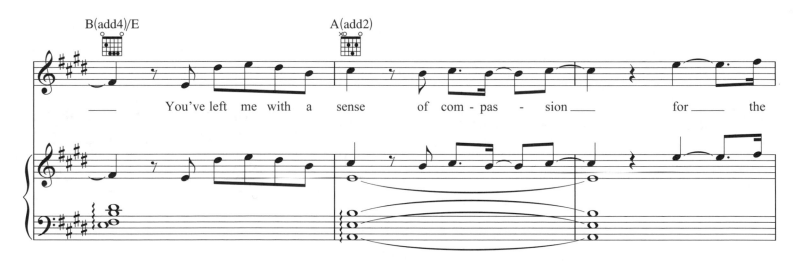

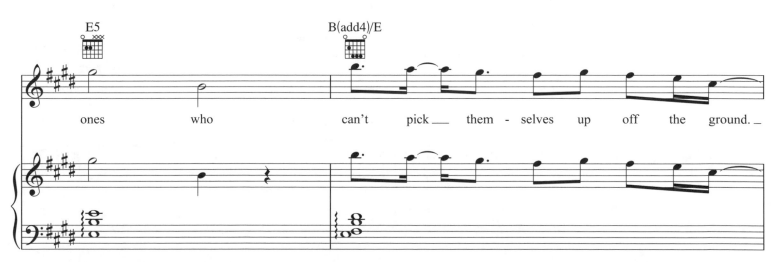

140

Oh Swit - zer - land, ___ I nev - er thought I'd

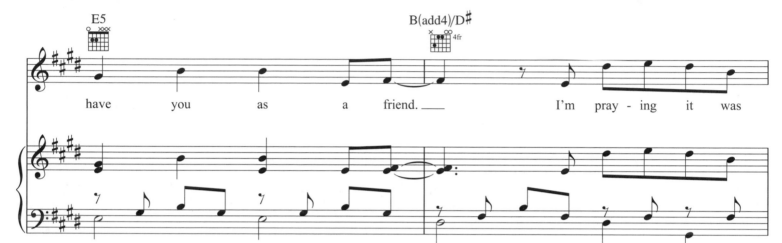

have you as a friend. ___ I'm pray - ing it was

not at all pre - tend. ___ I need you ___ now ___

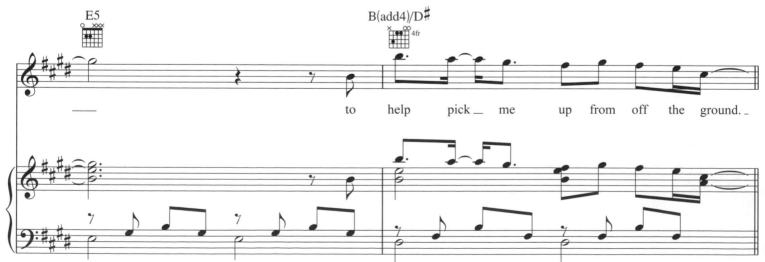

___ to help pick ___ me up from off the ground. _

SKINNY LOVE

Words and Music by
JUSTIN VERNON

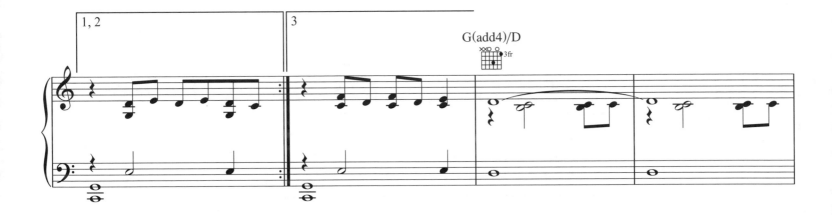

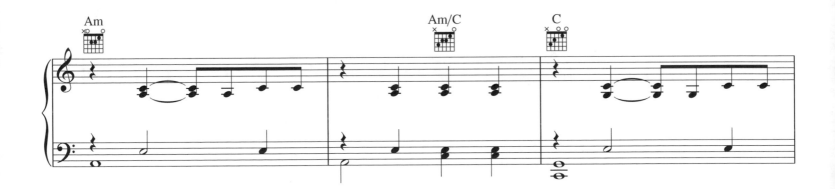

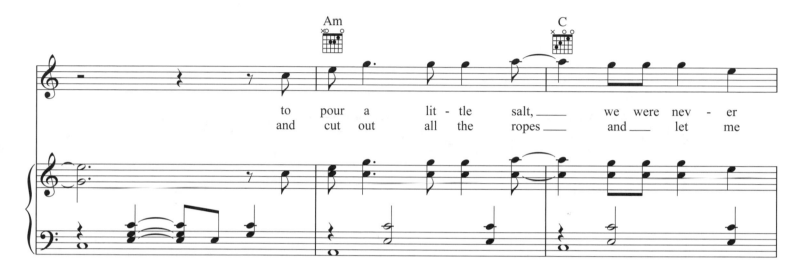

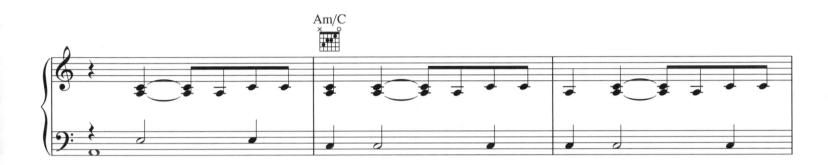

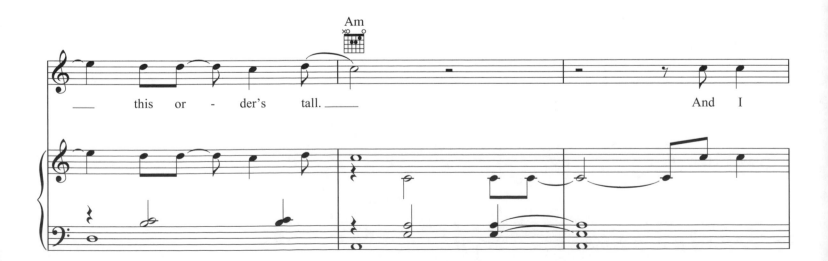

told you to ___ be pa - tient, and I told you to ___ be ___ fine. ___

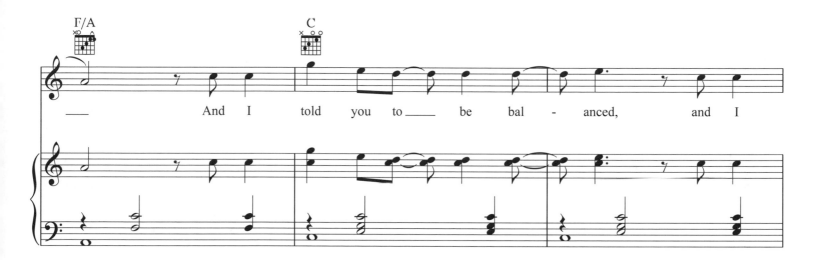

___ And I told you to ___ be bal - anced, and I

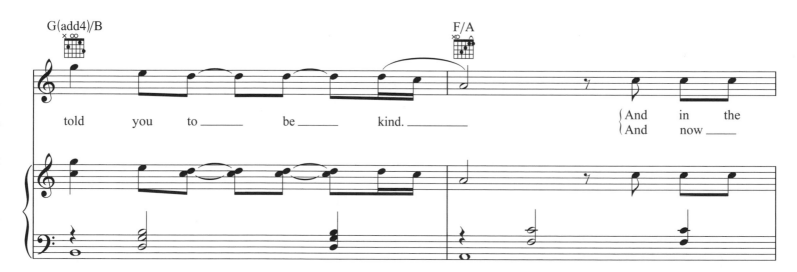

told you to ___ be ___ kind. ___ {And in the / And now ___

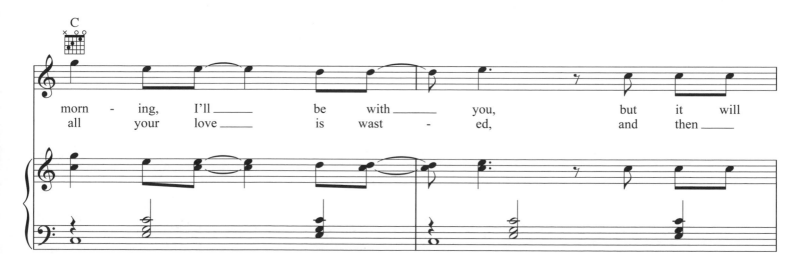

morn - ing, I'll ___ be with ___ you, but it will / all your love ___ is wast - ed, and then ___

be a dif - f'rent kind, _____ and I'll be hold - ing all ___ the tick -
who the hell ___ was I? _____ And I'm ___ break - ing at ___ the britch -

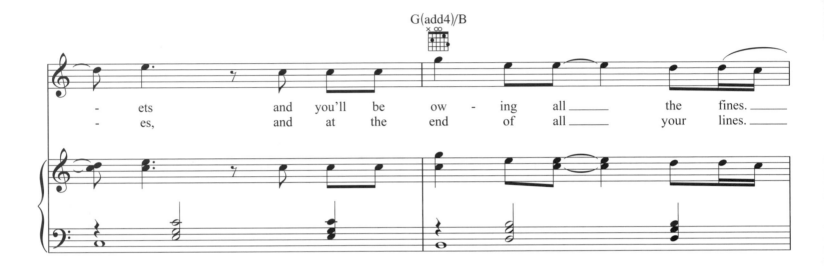

- ets and you'll be ow - ing all _____ the fines. _____
- es, and at the end of all _____ your lines. _____

To Coda

Come on, _____ skin - ny love, ___ what hap - pened here?

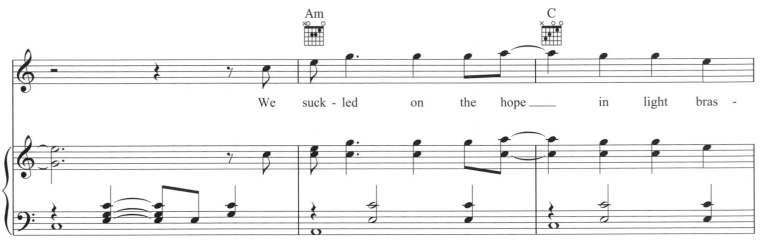

We suck-led on the hope ___ in light bras-

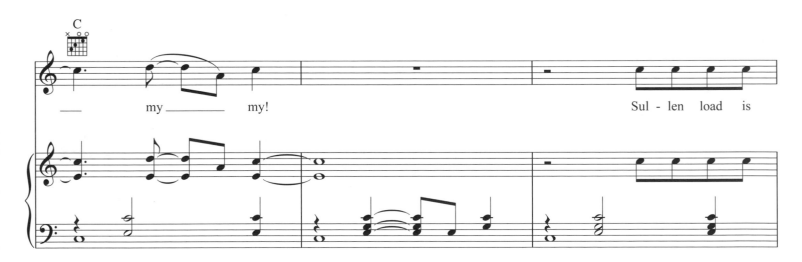

sieres. ___ My my my, ___ my my my, ___

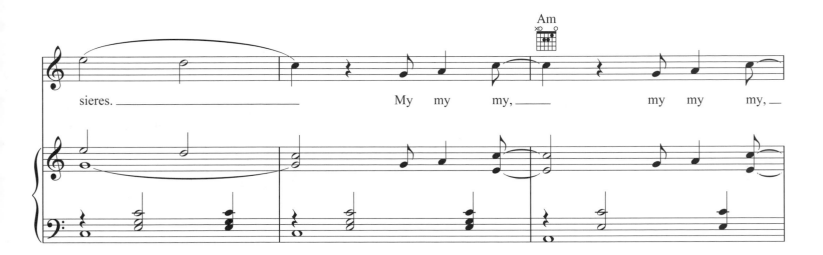

___ my ___ my! Sul-len load is

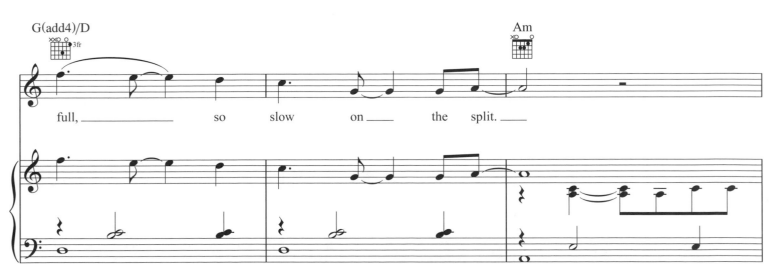

full, ___ so slow on ___ the split. ___

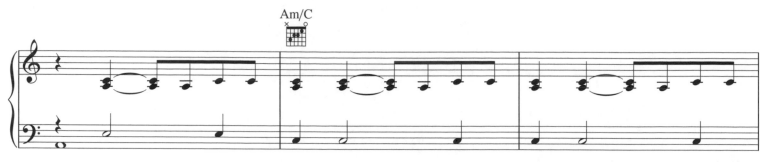

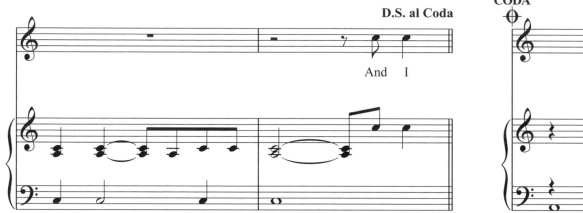

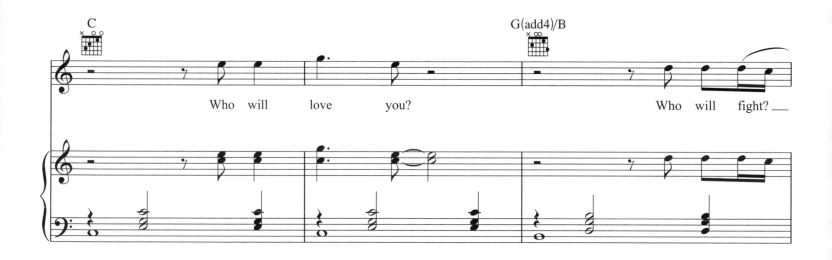

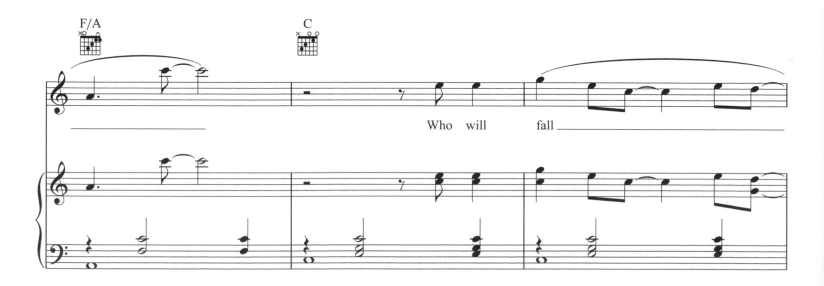

far be - hind? _____

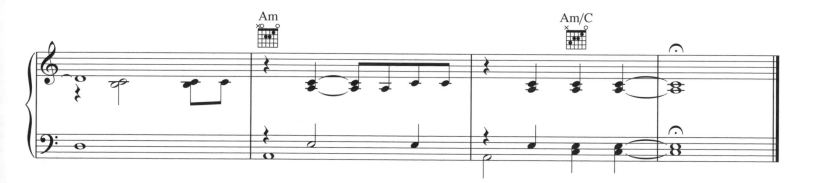

STUBBORN LOVE

Words and Music by JEREMY FRAITES
and WESLEY SCHULTZ

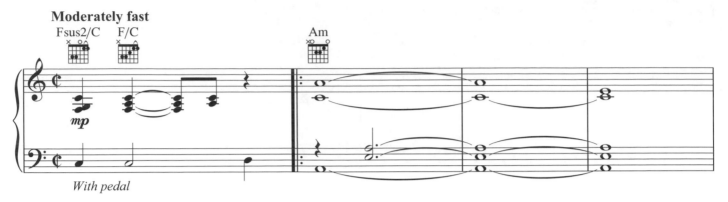

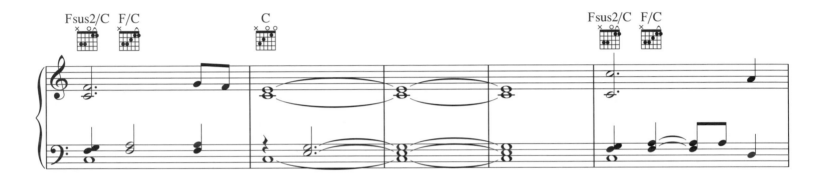

She'll lie and steal and

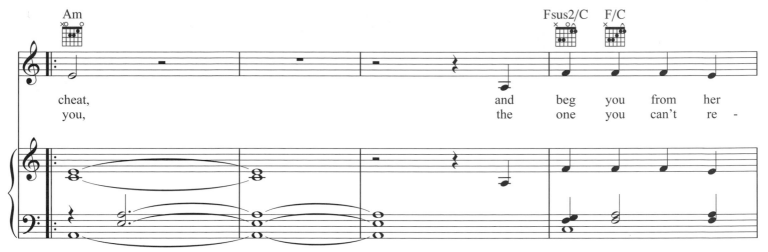

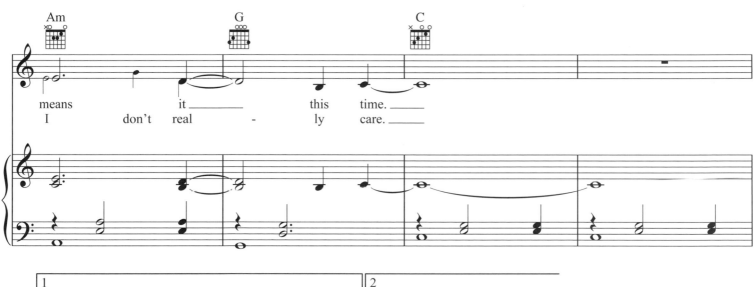

When we were young, oh, _____ we did e - nough. _____

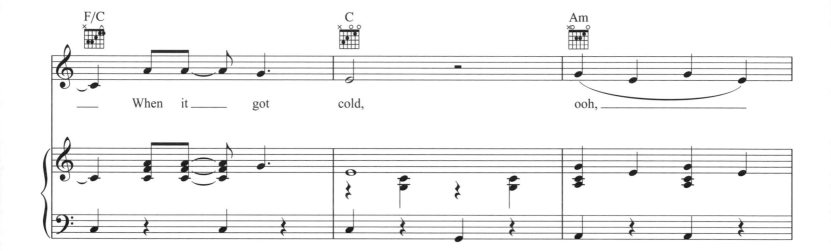

_____ When it _____ got cold, ooh, _____

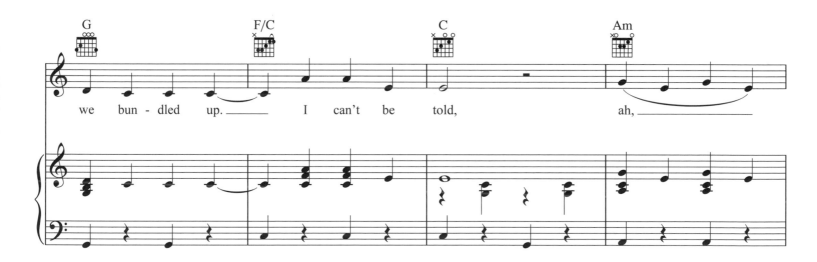

we bun - dled up. _____ I can't be told, ah, _____

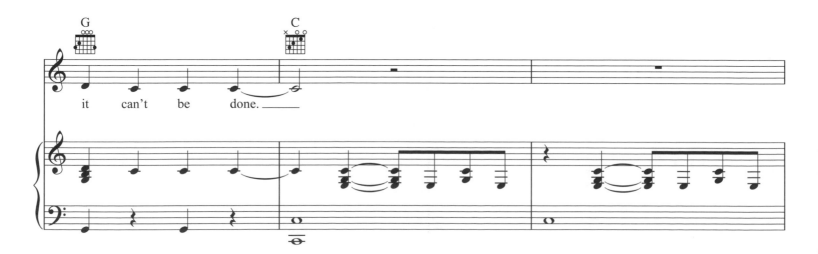

it can't be done. _____

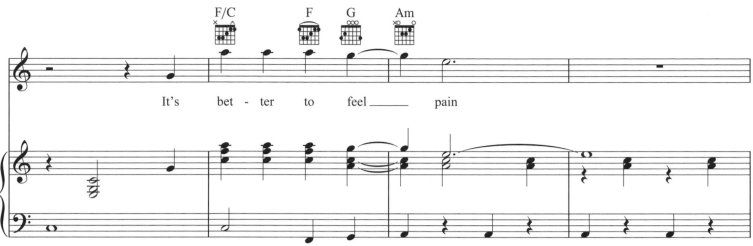

It's bet - ter to feel _____ pain

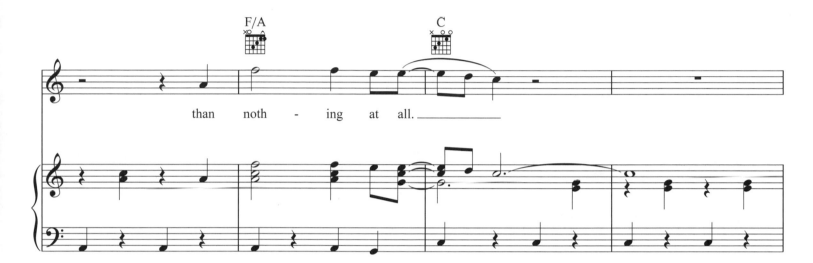

than noth - ing at all. _____

The op - po - site of love's in - dif - fer - ence. __

__ So pay at - ten - tion,

154

now;   I'm stand - ing on your

porch scream - ing out, _____ and I won't leave un -

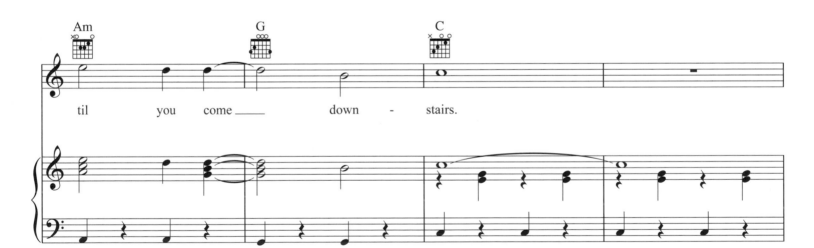

til you come _____ down - stairs.

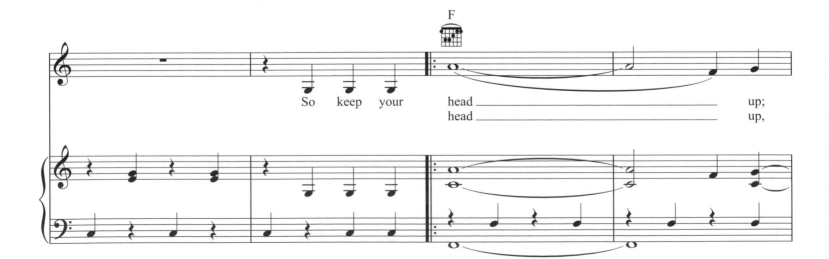

So keep your head _____ up;
head _____ up,

keep your love. _____
my love. _____

Keep your
Keep your head _____

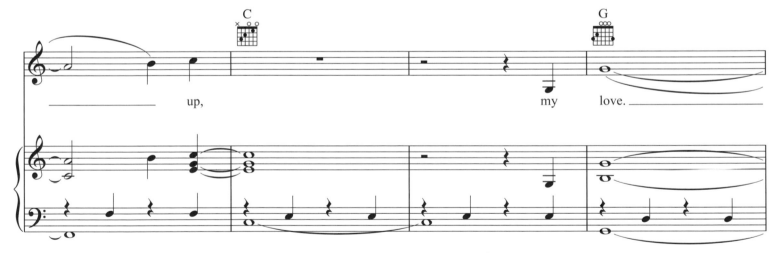

_____ up,
my love. _____

_____
Keep your head _____

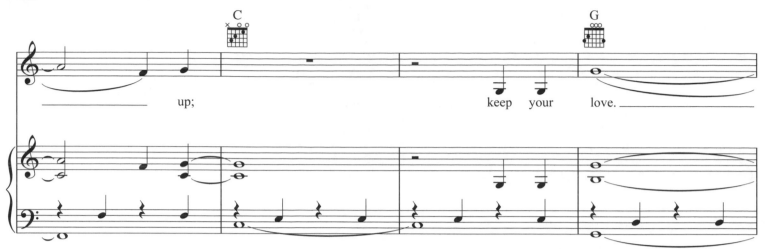

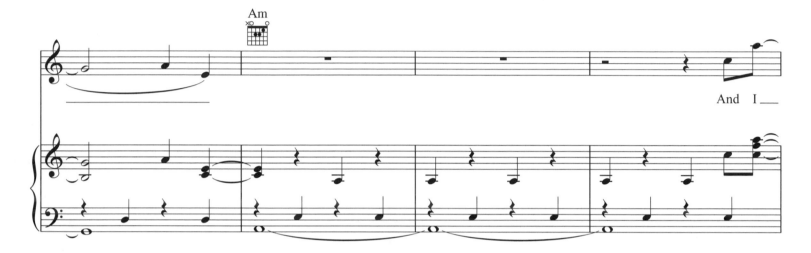

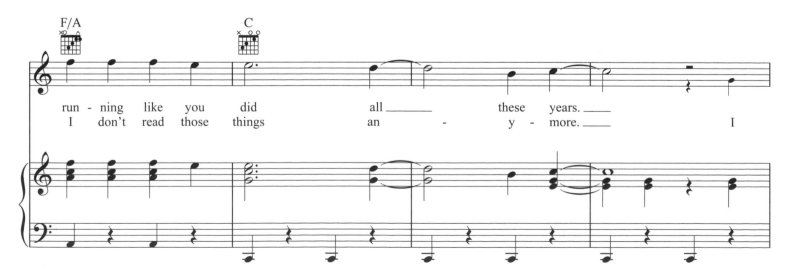

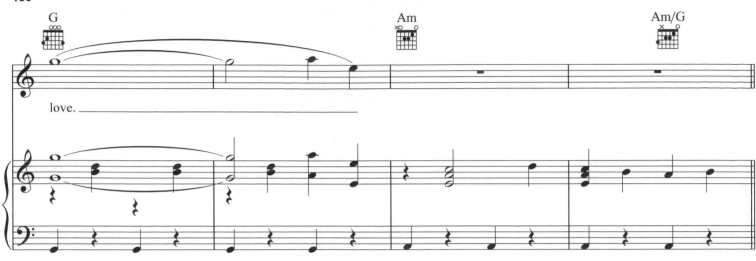

love.

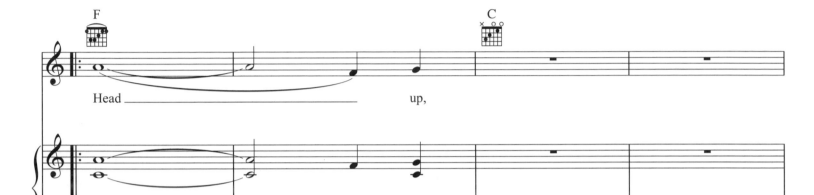

Head _____ up,

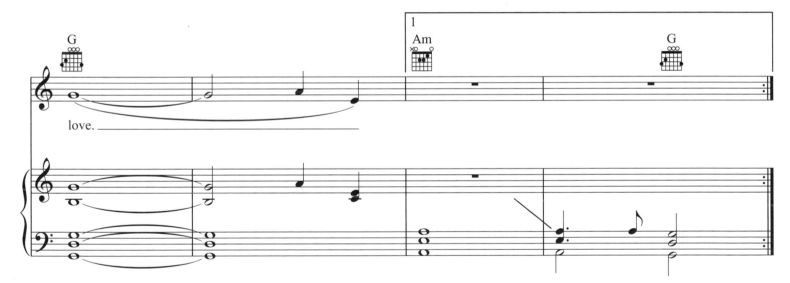

love.

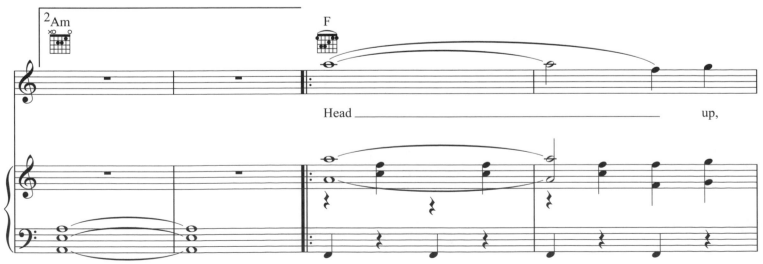

Head _____ up,

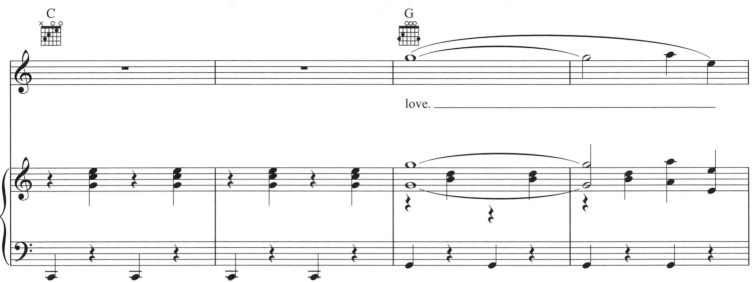

love. _____

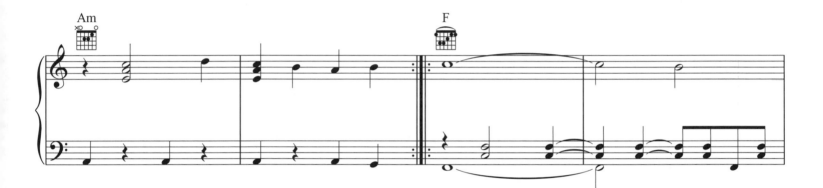

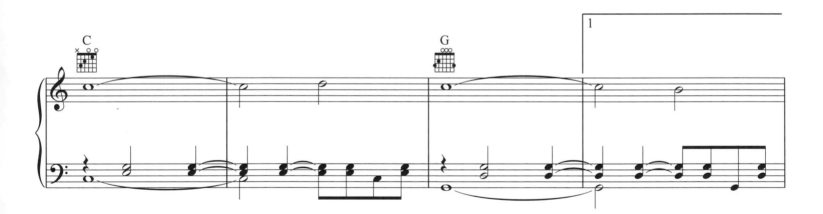

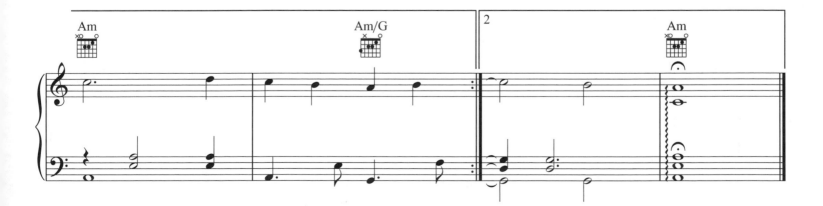

TAKE 'EM AWAY

Written by
CRITTER FUQUA

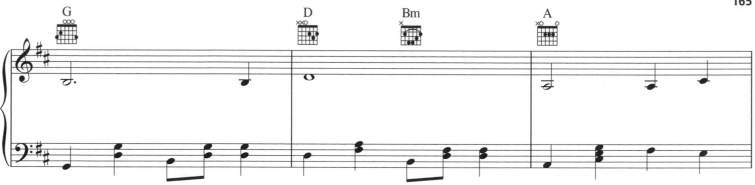

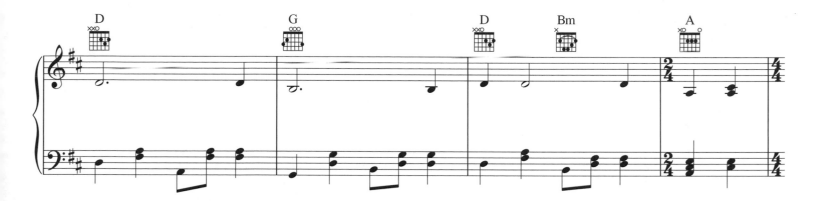

Can't see when I go to work, can't
Land that I ___ know is where two

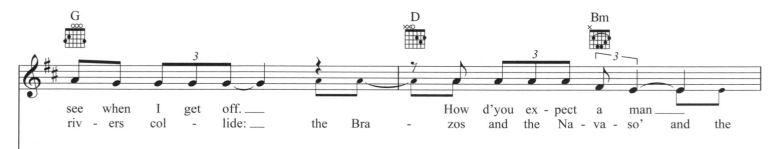

see when I get off. ___ How d'you ex-pect a man ___
riv-ers col - lide: ___ the Bra - zos and the Na - va - so' and the

from me. My heart is bro-ken 'cause my _____ spir-it's not _____ free.

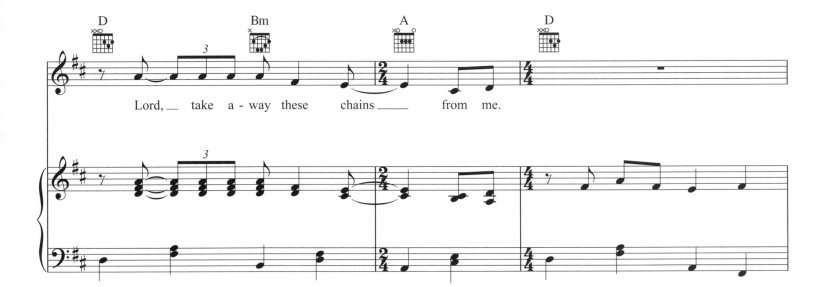

Lord, _____ take a-way these chains _____ from me.

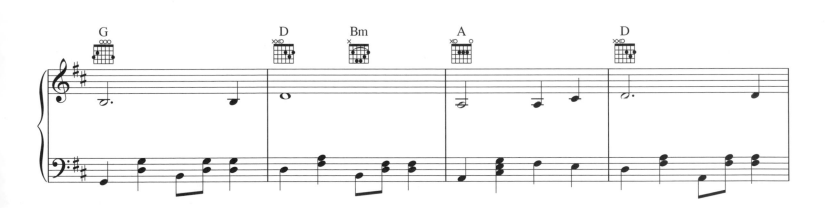

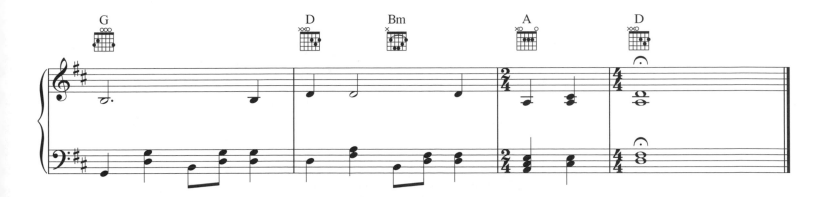

WAGON WHEEL

Words and Music by BOB DYLAN
and KETCH SECOR

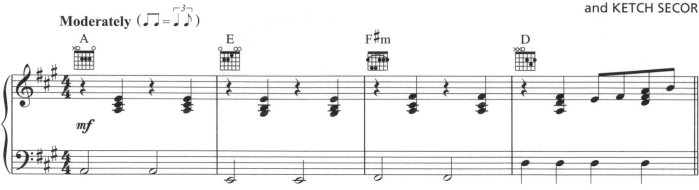

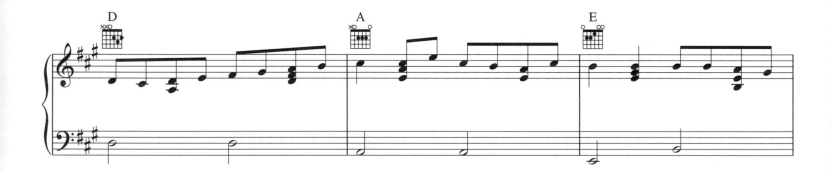

Head-in' down south _ to the
Run-nin' from the cold _____

land of the pines, __ I'm thumb-in' my way __ out of North __ Car-o-line. __
up in New Eng-land, I was born to be a fid-dler in an old-time string band. __ My

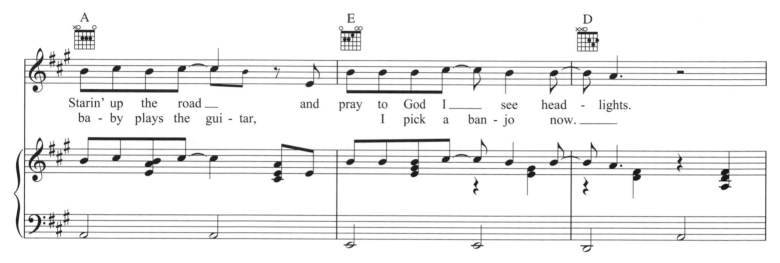

Starin' up the road __ and pray to God I __ see head-lights.
ba-by plays the gui-tar, I pick a ban-jo now. __

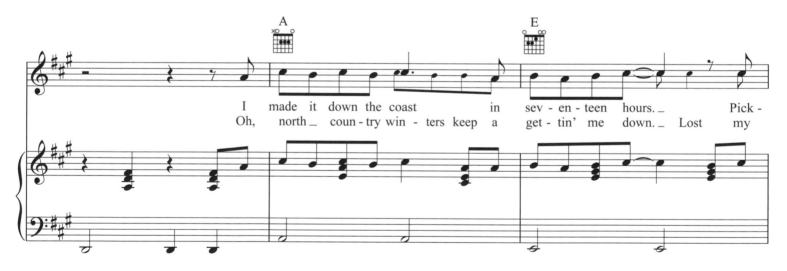

I made it down the coast in sev-en-teen hours. __ Pick-
Oh, north __ coun-try win-ters keep a get-tin' me down. __ Lost my

in' me a bou-quet of dog-wood flowers. __ And I'm a hop-in' for Ra-leigh, I can
mon-ey play-in' pok-er, so I had to leave town. __ But I ain't __ turn-in' back __ to

see my ba - by to - night. _____ So, rock __
liv - in' that old life ___ no more. _____

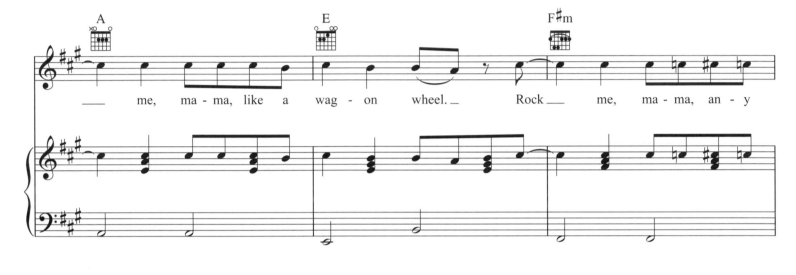

__ me, ma - ma, like a wag - on wheel. __ Rock __ me, ma - ma, an - y

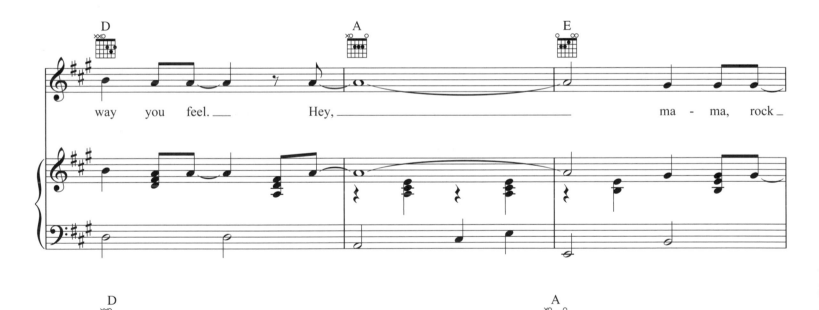

way you feel. __ Hey, _____ ma - ma, rock __

__ me. Rock __ me, ma - ma, like the

wind and the rain. ___ Rock ___ me, ma - ma, like a south - bound train. Hey, ___

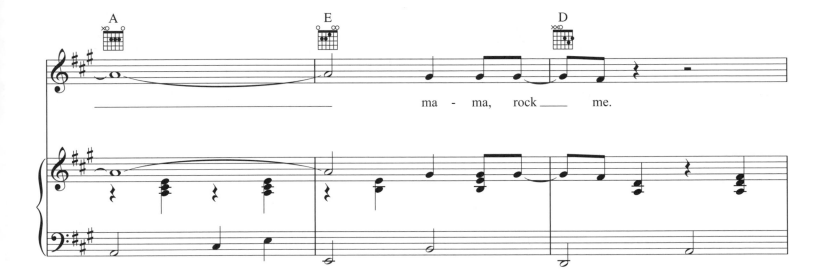

ma - ma, rock ___ me.

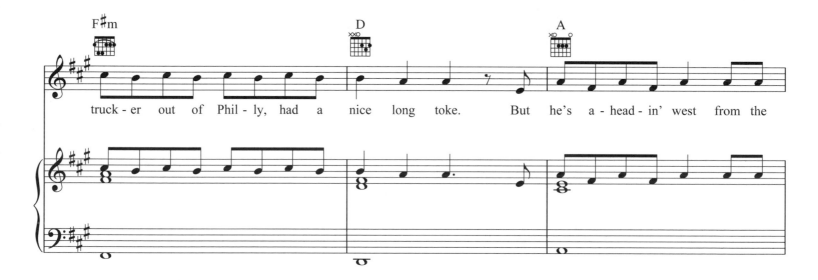

Walk - in' through the South out of Ro - a - noke, I caught a

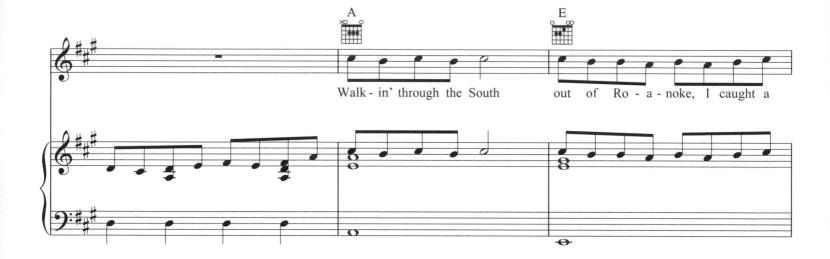

truck - er out of Phil - ly, had a nice long toke. But he's a - head - in' west from the

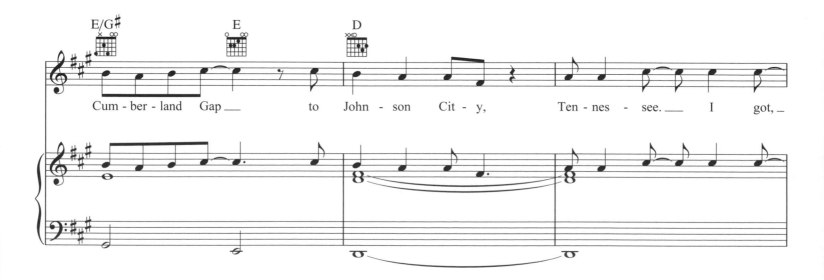

Cum - ber - land Gap ___ to John - son Cit - y, Ten - nes - see. ___ I got, ___

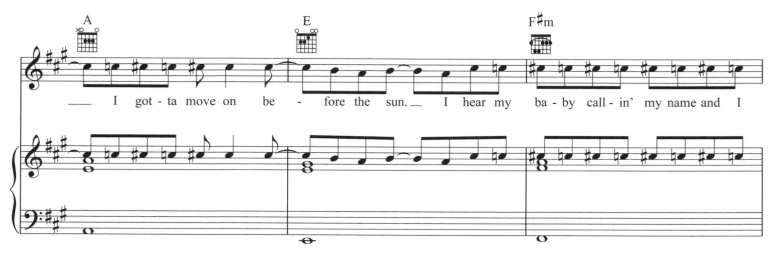

I gotta move on be-fore the sun.__ I hear my ba-by call-in' my name and I

know that she's the on-ly one. And if I die in Ra-leigh, at least I will __ die

free. _____ So, rock ___ me, ma-ma, like a

wag-on wheel.__ Rock ___ me, ma-ma, an-y way you feel.__

me, ma-ma, like a wag-on wheel. ___ Rock ___ me, ma-ma, an-y

way you feel. ___ Hey, _____ ma-ma, rock ___

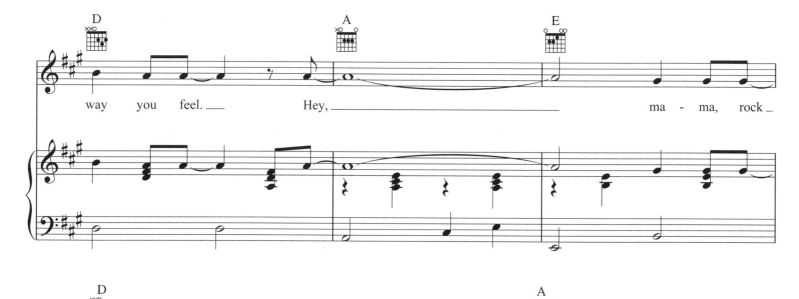

___ me. Rock ___ me, ma-ma, like the

wind and the rain. ___ Rock ___ me, ma-ma, like a south-bound train. Hey, ___

ma - ma, rock ___ me.

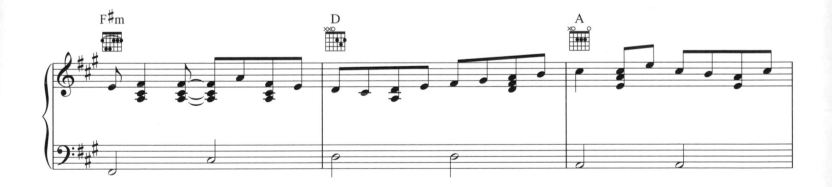